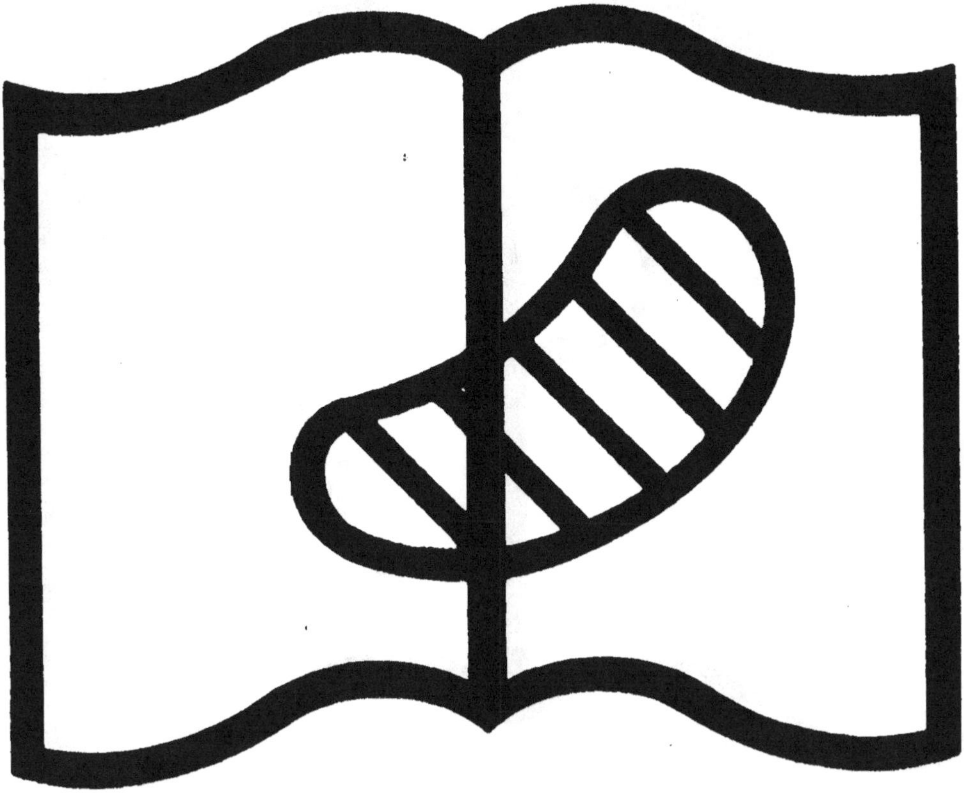

Symbole applicable
pour tout, ou partie
des documents microfilmés

Original illisible

NF Z 43-120-10

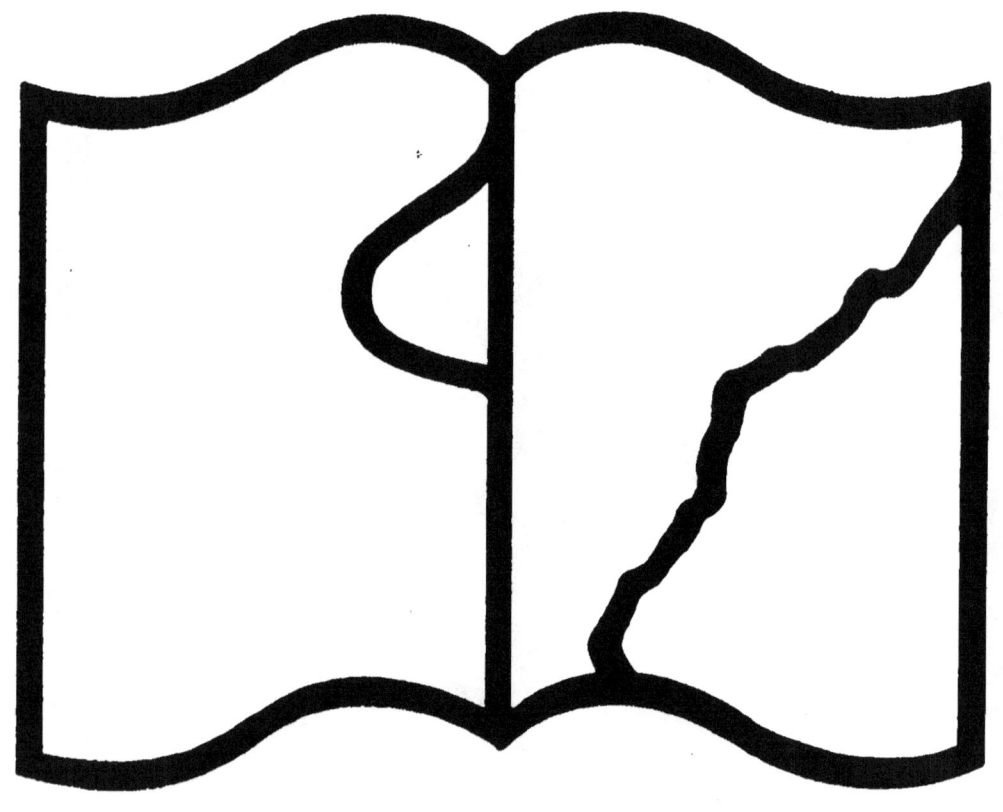

**Symbole applicable
pour tout, ou partie
des documents microfilmés**

Texte détérioré — reliure défectueuse

NF Z 43-120-11

L'ADMINISTRATION

DES

INTENDANTS

Imp. J. BRENARD, Troyes, rue Urbain IV, 85.

L'ADMINISTRATION
DES
INTENDANTS

D'APRÈS LES ARCHIVES DE L'AUBE

PAR

H. D'ARBOIS DE JUBAINVILLE

CORRESPONDANT DE L'INSTITUT

PARIS

H. CHAMPION, LIBRAIRE

15, QUAI MALAQUAIS

—

M DCCC LXXX

INTRODUCTION

Il y aura bientôt un siècle que l'histoire de France nous a montré par un exemple terrible comment s'appliquent les lois impitoyables qui régissent les sociétés humaines : le 10 août 1792, un des princes les plus vertueux, les plus dignes de respect qui soient jamais montés sur le trône, expiait par sa chute les innombrables fautes que lui avait fait accumuler en seize ans de règne son incapable bonne volonté. Il avait prétendu, dans sa politique intérieure, prendre en tous points le contrepied du système suivi depuis huit siècles par sa dynastie. Ses prédécesseurs depuis Hugues Capet n'avaient cessé de combattre pour amoindrir ou même détruire successivement au profit de l'autorité royale les priviléges héréditaires. L'histoire de France sous leur gouvernement avait, par dessus tout, consisté dans la lutte de la centralisation monarchique contre ces privilèges qui étaient d'abord la base de l'organisation féodale et qui, quand l'exercice du pouvoir politique eut cessé de les justifier, restèrent attachés par la puissance de l'habitude à ce souvenir qu'on appelle justement la noblesse et par abus l'aristocratie : car il n'y a pas d'aristocratie là où a cessé d'exister la réalité de l'autorité gouvernementale.

A l'avènement de Louis XVI, l'opinion publique, organe nécessaire d'une loi de l'intelligence humaine, demandait plus énergiquement que jamais la suppression définitive de faveurs que le passé expliquait encore mais que dans le présent rien ne motivait plus. Louis XVI, au lieu de les faire cesser, les augmenta ; et, au moment où cette politique maladroite avait soulevé contre la noblesse et contre lui l'animosité de l'immense majorité de la nation, il imagina d'abord de remettre l'autorité aux mains d'assemblées indépendantes, ensuite de composer ces assemblées en majorité des hommes que sa politique inintelligente avait le plus irrité contre ses procédés de gouvernement. Ces assemblées ainsi recrutées prirent près de lui et sur tous les points du territoire la place des fonctionnaires amovibles sur l'autorité desquels reposait, comme sur son principal fondement, l'autorité royale. Louis XVI croyait encore régner ! Le respect, dû à son infortune et aux rares qualités de son cœur, peut seul empêcher l'historien de qualifier comme il le faudrait cet incompréhensible aveuglement.

On connaît les mesures par lesquelles ce malheureux

prince aggrava les privilèges nobiliaires à la destruction desquels la tradition capétienne et le bon sens lui prescrivaient si impérieusement de travailler. L'une de ces mesures est le règlement du 22 mai 1781 qui décide que nul ne sera appelé au grade de sous-lieutenant s'il n'a fait preuve de quatre générations de noblesse; une seule exception est admise, elle est en faveur des fils des chevaliers de Saint-Louis, c'est encore un privilège (1).

Ainsi Louis XVI fermait la carrière militaire aux familles de bourgeoisie si nombreuses qui, s'étant élevées par le travail à la tête du Tiers-Etat, considéraient les grades de l'armée comme un des genres d'établissement offert à leurs enfants par la constitution traditionnelle de la France.

« Il fallait » dit Madame Campan, « appartenir à » cette classe honorable du Tiers-Etat pour connaître » le désespoir ou plutôt le courroux qu'y porta cette » loi (2). Elle dit « le courroux » car le motif était blessant, et les plaies de l'amour-propre sont plus sensibles que celles de la fortune : ce sont elles surtout qui inspirent le désir de la vengeance.

Mais ce n'était pas assez d'une faute aussi grave. « Une autre décision de la cour qui ne pouvait être » annoncée par un édit, » continue Madame Campan,

---

(1) Isambert, *Anciennes lois françaises*, t. XXVII, p. 29.
(2) *Mémoires de Madame Campan*, 3ᵉ édition, t. I, p. 237.

« fut qu'à l'avenir tous les biens ecclésiastiques
» depuis le plus modeste prieuré jusqu'aux plus riches
» abbayes seraient l'apanage de la noblesse. » Un des
défenseurs de ce système nouveau, l'abbé de Vermond, lecteur de la reine, disait que « les biens de
» l'église devaient à l'avenir être uniquement destinés
» à soutenir la noblesse pauvre, que c'était l'intérêt
» de l'Etat, et qu'un prêtre roturier, heureux d'avoir
» une bonne cure, n'avait qu'à rester curé (1) ». La
réponse à ces doctrines ne se fit pas attendre, et les
curés députés aux Etats-généraux se réunirent au
Tiers-Etat, contre la cour et contre la noblesse, pour
soutenir la cause de la Révolution.

Les agissements du gouvernement de Louis XVI en
matière d'impôts directs ne furent pas moins maladroits.

Là aussi le privilége régnait dans le mode d'assiette
de la taille, dont les nobles étaient exempts.

Cette exemption compensait jadis l'obligation personnelle du service militaire, dit ban et arrière-ban,
que la noblesse devait à ses frais, à peine de payer des
taxes spéciales en argent. Le plus récent exemple de
levée du ban et arrière-ban que j'aie rencontré aux
Archives de l'Aube date de 1697 (2). Passé l'année
1698 je n'y ai pas trouvé trace de poursuites pour

---

(1) *Mémoires de Madame Campan*, t. I, p. 237-238.
(2) Archives de l'Aube, B. 1.

paiement de la taxe imposée sur les nobles qui ne se seraient pas rendus à la convocation du ban et arrière-ban (1). Du moment où l'on ne convoquait plus le ban et arrière-ban, l'exemption de la taille au profit des nobles ne pouvait s'expliquer que par la routine. Louis XIV et Louis XV n'osèrent pas supprimer ces abus, mais ils remédièrent en partie à ses inconvénients par la création de la capitation et des vingtièmes. La capitation, imaginée par le gouvernement de Louis XIV, était payée par les privilégiés comme par les taillables, et, pour les privilégiés, elle était d'autant plus considérable que leur situation honorifique était plus élevée. Les vingtièmes, qui étaient comme la taille un impôt sur le revenu, étaient payés sans distinction d'après les mêmes tarifs et par les nobles et par les roturiers. Les vingtièmes datent de Louis XV et de l'année 1750. A l'avènement de Louis XVI on levait deux vingtièmes et quatre sous pour livre du premier. En 1782 ce prince, suivant l'exemple que Louis XV avait donné deux fois, établit un troisième vingtième pour subvenir aux dépenses de la guerre. Si l'on voulait arriver progressivement à la suppression du privilége, il est clair que les vingtièmes étaient le genre d'impôt direct auquel il fallait s'adresser pour subvenir à l'accroissement incessant des dépenses de l'Etat. Au contraire, quand en 1786 on reconnut la nécessité de remplacer défini-

(1) Archives de l'Aube, B. 6. Le ban était formé des vassaux immédiats du Roi, l'arrière-ban des arrières-vassaux.

tivement la corvée des grandes routes par une prestation en argent, Louis XVI accepta l'idée malheureuse d'établir cette prestation au marc la livre de la taille. La perception de ce nouvel impôt, qui vint rendre la taille plus lourde et aggraver le privilége des exempts, commença le 1ᵉʳ janvier 1787 (1), et le même jour le troisième vingtième que payaient sans distinction nobles et roturiers cessa d'être perçu. Pourquoi ces mesures rétrogrades? Pourquoi n'avoir pas mis sans distinction à la charge de tous les citoyens les frais d'entretien des chemins? En 1776 Turgot l'avait proposé ; mais la résistance du Parlement avait triomphé du grand ministre :

« Le noble, » disait le Parlement, « consacre son
» sang à la défense de l'Etat et assiste de ses conseils le
» souverain. La dernière classe de la nation, qui ne
» peut rendre à l'Etat des services aussi distingués,
» s'acquitte envers lui par les tributs, l'industrie et les
» travaux corporels (2) ». Cette dernière classe est le Tiers-Etat, qui dès cette époque fournissait à la France l'immense majorité de ses soldats, et qui déjà était autant que la noblesse capable de bien conseiller les rois. Treize ans plus tard, le Tiers-Etat, devenu maî-

(1) Arrêt du Conseil du 6 novembre 1786, chez Vignon, *Etudes historiques sur l'administration des voies publiques en France*, t. III, p. 258.

(2) Remontrances du 4 mars 1776 dans Vignon, *Etudes historiques sur l'administration des voies publiques en France*, t. III, p. 145 et suivantes. Le passage cité est à la page 150.

tre des Etats-généraux et par eux de la France, supprima de fait le Parlement en lui ordonnant de rester en vacances; bientôt il lui ôta jusqu'à l'existence nominale qu'il lui avait laissée. Personne ne s'en étonnera. Mais par quelle aberration Louis XVI, débarrassé par son grand-père du corps judiciaire frondeur et privilégié qu'on appelait le Parlement, avait-il pu songer à le rétablir, investissant ainsi du droit de contrôler ses actes un groupe d'hommes intéressé au maintien des inégalités factices dont le développement historique de la nation française exigeait la suppression?

A côté des courtisans paresseux et brillants, spirituels et ineptes que Louis XVI écouta trop souvent, les administrateurs laborieux qui continuaient dans l'obscurité des bureaux la vieille tradition de la monarchie voyaient sans illusion la vérité. A l'époque où Turgot faisait des efforts inutiles pour obtenir la suppression de la corvée des grandes routes, l'intendant des finances Trudaine lui écrivait confidentiellement :

« Louis XV a eu un moment de considération, c'est
» celui où il a parlé avec fermeté au Parlement ; et
» cependant on lui avait fait dire des choses bien bêtes.
» et bien fausses; » puis prévoyant l'insuccès des tentatives réformatrices de Turgot, Trudaine ajoute :
« Si ce malheur arrivait, je crois que l'autorité du roi
» est perdue pour tout son règne (1). » Bientôt écri-

(1) Vignon, *Etudes historiques sur l'administration des voies publiques*, t. III, 2ᵉ partie, p. 120.

vant à Malesherbes, ministre de la maison du Roi :
« Il y a toujours une guerre subsistante entre les
» forts et les faibles. Le gouvernement, quand il est
» juste, est du côté des faibles. Mais les grands efforts
» viennent toujours des forts. Ce sont ces efforts qui
» ont fait établir les grands priviléges de la noblesse,
» du clergé, des villes et de tous les corps. Et on ne
» prend le parti du peuple que quand on craint qu'il
» se révolte, parce qu'alors, pris en masse et opposé
» à quelques individus isolés, il est la plus grande
» force possible. La voix des forts contre les faibles
» est dans le Parlement, dans la Cour des Aides, dans
» ce qu'on appelle la bonne compagnie de Paris, dans
» la Cour (1). »

Certes le style de Trudaine n'est pas un modèle :
c'est bien ce style administratif français que les intendants ont créé, et dont la tradition, suivant M. de Tocqueville, a été retrouvée par les préfectures. Mais Trudaine disait la vérité : « Le gouvernement, quand
» il est juste, est du côté des faibles. » Telle est la vieille maxime de l'administration monarchique que Louis XVI oubliait et que Trudaine rappelait à Louis XVI. Louis XVI préféra les conseils intéressés de ses égoïstes courtisans aux sages avis des hommes dévoués qui avaient consacré leur vie au service de la monarchie dans les modestes fonctions de l'administration. Au

---

(1) Vignon, *Etudes historiques*, t. III, 2ᵉ partie, p. 143.

lieu de faire lui-même les réformes, il conféra le pouvoir de les exiger à ceux que son refus de les accorder avait le plus irrité contre lui. Il commença par créer dans toute la France un réseau d'assemblées municipales, d'assemblées d'Elections, d'assemblées provinciales où il donna au Tiers-Etat une représentation égale ou supérieure en nombre à celle des deux autres ordres réunis : par conséquent le Tiers-Etat votant avec ces deux ordres annula leur influence; D'autre part Louis XVI, chargeant ces assemblées d'administrer elles-mêmes et non de contrôler, leur conféra la plus grande partie des pouvoirs dont les Intendants étaient investis (1). L'installation de ces corps administratifs nouveaux, opération aussi grave que maladroitement conçue, commença en 1778, et se termina en 1788 à la veille des Etats-généraux. Les Etats généraux trouvèrent dans les assemblées provinciales, qui votaient déjà sans distinction d'ordres, le modèle d'une organisation égalitaire à joindre au pouvoir absolu dont, par la force des choses, ils furent immédiatement saisis. Et le but que poursuivait Louis XVI était de maintenir dans son royaume la traditionnelle mais illogique inégalité des conditions qu'il considérait comme une des bases de la société française! C'est ainsi qu'au lieu de réformes, la France eut une révolution.

(1) Isambert, t. XXV, p. 354 et suivantes; t. XXVI, p. 75, 108, 118, 207, 302; t. XXVII, p. 61; t. XXVIII, p. 366 et suivantes.

Une des premières victimes fut Bertier de Sauvigny, intendant de la généralité de Paris, massacré le 23 juillet 1789, un an avant la suppression du corps administratif dont il était un des membres les plus éminents. Mais alors la puissance des Intendants, jadis une des colonnes de l'édifice monarchique, n'était plus qu'une ombre, et, avant que Bertier eût expiré, la fureur populaire, qui fit de l'intendant de Paris une victime, s'attaquait à un cadavre.

La France, exagérant ici comme partout ailleurs la valeur de la forme littéraire, a cru et croit encore que la Révolution de 1789 est l'œuvre exclusive des gens de lettres du xviii° siècle. Nos gens de lettres sont convaincus que l'art d'arranger et de choisir les mots constitue l'art de penser et de conduire les hommes. Cependant, depuis que la politique a cessé d'être dans quelques familles une sorte de tradition, et que la capacité politique est le résultat des études et de l'expérience personnelle de chacun, on n'a guère vu d'hommes de lettres atteindre d'une manière durable une situation élevée dans les conseils du gouvernement. Il n'y a guère que deux sortes d'occupations étrangères à la politique qui préparent à l'art difficile de diriger les partis et de conduire les états, la première est l'étude des lois et la pratique des affaires judiciaires, la seconde est l'étude de l'histoire. L'artiste qui s'est consacré à la recherche des formes du langage les plus brillantes et les plus nouvelles est aussi mal préparé que le mathématicien à cette étude approfondie des lois de notre intelligence et de nos passions sans laquelle il ne peut y avoir d'homme d'Etat.

L'homme d'Etat n'est pas un apôtre qui peut attendre des années et des siècles la conversion des peuples à ses doctrines. Il faut qu'immédiatement il obtienne de tous, sans distinction de croyances, de passions ou d'intérêts, la même obéissance à ses ordres ou la même adhésion à ses avis. Des procédés à employer pour obtenir ce résultat, l'homme de loi a une certaine pratique, l'historien quelque notion ; l'homme de lettres ne s'en doute pas, l'administrateur en fait journellement usage; ces deux derniers ordinairement passent l'un à côté de l'autre, se coudoyent même sans se comprendre : pour l'administrateur qui met au-dessus de tout l'action sur les hommes et sur les partis, la littérature est un jeu dont les spectacles de la foire sont la meilleure forme puisque c'est la plus universellement appréciée, ou c'est un des secondaires instruments de la politique; pour l'homme de lettres qui juge l'administration d'après sa forme littéraire, l'administration n'est que le refuge des fruits secs et des incapacités.

Cependant la Révolution française a été avant tout un phénomène administratif. Les grands écrivains, qui l'ont immédiatement précédée, lui ont préparé la forme littéraire sous laquelle ses orateurs l'ont présentée au monde. Mais l'importance de cette forme était moins considérable qu'on ne croit. Quand les erreurs commises par les directeurs traditionnels d'une société rendent une révolution inévitable, les chefs nouveaux, que leur supériorité dans l'art de conduire les hommes fait surgir au milieu des conflits, trouvent sans peine dans la littérature contemporaine les quelques formules nécessaires pour mettre en mouvement la foule. Si alors les mots prennent une sorte de puissance magique, ce n'est pas à eux-mêmes qu'ils la doivent, c'est aux vices universellement sentis de l'organisation du gouvernement et de la société.

Si donc on veut saisir le principe même de la Révolution, il faut avant tout arriver à savoir comment la France était gouvernée avant un évènement qui a eu de si vastes conséquences : autrement on ne comprendra point par quelles fautes le malheureux roi Louis XVI a provoqué lui-même la tempête qui l'a détroné.

C'est l'étude de l'administration monarchique du XVIII° siècle qui explique la Révolution. Malheureusement cette étude, comme toutes les études techniques, présente beaucoup moins d'attraits que la lecture des compositions littéraires dues aux écrivains qui passent pour les auteurs du grand bouleversement politique et social de la fin du siècle dernier.

Le talent de ces écrivains attire et séduit les lecteurs que la prose administrative rebute ; il porte à croire que les événements qui ont agité la nation tout entière après la publication de livres composés avec un si merveilleux talent sont uniquement la conséquence du mouvement intellectuel provoqués par ces livres chez quelques esprits cultivés. Mais ce ne sont pas ces écrivains, tous étrangers à l'administration, qui nous expliqueront comment ce savant mécanisme, œuvre de tant de générations d'hommes d'Etat, agissait sur l'ensemble de la société jusqu'aux classes les plus humbles et sur les points les plus éloignés des centres littéraires ; comment Louis XVI le détourna de son fonctionnement naturel, puis le brisa ; comment enfin par là ce malheureux prince détruisit la base même de son gouvernement. Ce ne sont pas ces écrivains qui peuvent nous apprendre à connaître une organisation administrative que la Convention et le Directoire ont eu le malheur de ne pas posséder et qu'ils ont vainement cherché à remplacer par des commissions temporaires, par des missions momentanées de représentants, par des épurations de corps électifs, enfin et surtout par la peur.

Heureusement pour nous l'éducation politique de la nation est plus avancée qu'alors, et les Républiques de 1848 et de 1870 ont eu la sagesse de conserver à la tête de chaque département l'institution puissante que la monarchie avait mise à la tête de chaque province au commencement du XVII° siècle ; au milieu des règlements sans nombre qui se multiplient et changent, les mêmes principes fondamentaux restent immuables, et, pour quiconque sait lire, chaque préfecture porte gravée sur ses murailles la vigoureuse empreinte de la main des grands ministres du xvii° siècle, surtout de Richelieu. A l'histoire des Préfectures, qui sont en France aujourd'hui le rouage fondamental de l'organisation administrative, il est une introduction indispensable, c'est l'histoire des Intendants.

Telles sont les raisons qui m'ont décidé à faire réimprimer, après l'avoir revue, l'introduction qu'en 1864 j'ai placée en tête de l'inventaire des Archives administratives de l'Aube, antérieurs à 1790. Dans le premier volume d'un ouvrage récent, M. Taine a exposé, avec un talent rare, l'état général de la société française au moment de la Révolution, je présenterai ici d'une façon plus technique une des parties les moins connues du vaste tableau qu'il a peint.

L'ADMINISTRATION
DES INTENDANTS

CHAPITRE Ier

ORIGINE DES INTENDANTS — IDÉE GÉNÉRALE DE LEURS FONCTIONS

Pendant les quatre derniers siècles de la monarchie, la France, considérée au point de vue administratif, se divisait en Généralités, comme aujourd'hui en Départements. Le pouvoir qu'exerce aujourd'hui le préfet dans chaque département est à peu de choses près celui dont l'intendant fut investi dans chaque Généralité de Louis XIII à Louis XVI.

Les Intendances, prenant la place que les Grands-Fiefs occupaient au moyen-âge, sont une création toute française et moderne dont les préfectures ont été la résurrection après une interruption de dix années. Nous nous arrêterons aux débuts de cette période historique où, par une générosité mal entendue, s'étant dépouillé du moyen si puissant d'action que la vieille institution des intendants lui offrait, le gouvernement central fut bientôt réduit à combattre l'anarchie par la terreur : malgré la violence si souvent inique de ce procédé nouveau il ne put épargner à une notable partie de la France les horreurs de la guerre civile, au reste du pays le spectacle fréquent d'une autorité suprême ridiculement impuissante. Tant l'institution des intendants était appropriée aux besoins de la société française et nécessaire même, on peut le dire, au jeu régulier de son mécanisme politique !

Il n'y a aucun rapport entre un intendant et un *præses* romain, un bailli du XIII⁰ siècle ou un comte mérovingien. Le *præses* était juge ordinaire en même temps qu'administrateur, et à ces attributions le comte et le bailli joignaient le commandement militaire du territoire confié à leurs soins. L'intendant n'a pas de pouvoir militaire ; sa juridiction, toute exceptionnelle, agit dans une sphère étroite à côté de celle des Parlements, des Présidiaux, des Bailliages, qui, juges ordinaires, ont une compétence différente de la sienne et beaucoup plus étendue : il administre (1). Cette séparation des pouvoirs administratif et judiciaire, jusque-là confondus dans les mêmes mains, a pu seule rendre possible la co-existence des deux principes sur lesquels chez nous aujourd'hui repose à l'extérieur la puissance publique, à l'intérieur la sécurité des citoyens ; nous voulons parler, d'abord, de l'unité de l'État, bienfait impossible sans une administration dont l'obéissance est garantie par l'amovibilité ; nous voulons parler ensuite de l'inamovibilité des magistrats de l'ordre judiciaire, inamovibilité sans laquelle leur indépendance et leur impartialité paraîtront presque toujours douteuses aux justiciables.

La séparation des pouvoirs administratif et judiciaire débuta en France dans l'organisation de l'autorité centrale quand, vers la seconde moitié du XIII⁰ siècle, la

---

(1) Le droit qu'avaient les intendants de siéger dans les cours de justice était honorifique plutôt qu'il ne leur donnait de l'influence.

Chambre des Comptes et le Conseil du Roi commencèrent à se distinguer du Parlement. Dès le siècle suivant, cette séparation se manifestait dans l'organisation des autorités locales, et, comme la plupart des grandes révolutions qui transforment un peuple, elle avait son expression dans la géographie : la création des élus, chargés de surveiller et de diriger la perception des impôts, 1355, amena l'établissement de circonscriptions administratives différentes des circonscriptions judiciaires. La géographie administrative fut d'abord calquée sur la géographie ecclésiastique, qui, du reste, avait conservé en grande partie les circonscriptions tracées par les administrateurs de Rome impériale, et les Élections eurent les mêmes limites que les diocèses. Mais l'ordonnance du 25 août 1452 (1) fut le point de départ de modifications successives qui firent peu à peu disparaître cette concordance. Elle prescrivait d'établir dans les Élections des siéges particuliers qui n'eussent de ressort autour d'eux que cinq à six lieues ou environ. Nous connaissons deux faits qui nous montrent cette ordonnance exécutée dans le département de l'Aube. En 1596, Chaource, localité dépendante du diocèse de Langres, avait un siége particulier de l'Élection de Langres (2); de même Villenauxe eut un siége particulier de l'Élection de Troyes (3). Plus tard, divers siéges particuliers furent érigés en Élections, d'autres supprimés, et dans une grande partie de la France la configu-

---

(1) *Ordonnances du Louvre*, XIV, 238; Isambert, *Recueil général des anciennes lois françaises*, IX, 188. Voir aussi Dareste, *La Justice administrative en France*, p. 42.

(2) *Inventaire sommaire des Archives communales de Chaource*, CC. 2.

(3) Une ordonnance de 1696 citée par Courtalon, *Topographie historique*, II, 380, supprima cette Élection et fixa la circonscription définitive de celle de Troyes.

ration des circonscriptions administratives, dites Élections, n'eut plus aucun rapport avec celle des diocèses.

L'agrégation de plusieurs diocèses formait une province ecclésiastique ; de même, plusieurs Élections réunies constituèrent une GÉNÉRALITÉ. Cette expression tire son origine du titre par lequel on désignait les fonctionnaires placés au-dessus des élus, comme surveillants de leur administration et comme réformateurs en appel de leurs sentences. L'institution de ces hauts fonctionnaires remonte, comme celle des élus, à l'ordonnance du 28 décembre 1355 (1), qui les désigne sous le nom de *généraux superintendants* (2). En 1360, nous les voyons appeler *généraux députés par le Roi sur le fait des aides* (3) ; en 1367 et en 1368, *généraux élus sur le fait des aides* (4) ; en 1366 et en 1369, *généraux trésoriers des aides* (5) ; en 1369, en 1371, en 1382 et en 1383, *généraux conseillers sur* ou *pour les aides* (6). Les ordonnances du dernier février 1388 (7) et du 11 mars 1390 (8) leur donnent le titre de

---

(1) *Ordonnances du Louvre*, III, 19 ; Isambert, IV, 734.

(2) Le sens de l'expression de *généraux* est que ces fonctionnaires avaient une mission *générale* et qui s'étendait à toute la France, tandis que les attributions des élus étaient particulières et ne dépassaient pas les limites d'un diocèse.

(3) *Ordonnances du Louvre*, III, 458.

(4) Archives communales de Troyes, layette 51, pièces datées des 28 août 1367 et 5 décembre 1368.

(5) Archives communales de Troyes, layette 51, pièces datées des 10 mars 1366 et 19 octobre 1369.

(6) Archives communales de Troyes, layette 51, pièces datées des 26 novembre 1369 et 11 août 1371. — Ordonnance du 26 janvier 1382, dans les *Ordonnances du Louvre*, VI, 705-707 ; ordonnance du 3 avril 1383, *ibid.*, VII, 752.

(7) *Ordonnances du Louvre*, VII, 228 ; Isambert, VI, 652. Dans celle du 9 février 1387, *Ordonnances du Louvre*, VII, 762, on lit : généraux conseillers sur le fait des aides.

(8) *Ordonnances du Louvre*, VII, 404.

généraux conseillers pour le fait des aides ou de *généraux des aides* et fixent leur nombre à six, dont trois n'avaient que des attributions judiciaires : c'est l'origine de la Cour des Aides, juridiction suprême de la monarchie en matière d'impôts ; aux trois autres était réservée la partie administrative du service, et pour faciliter l'accomplissement de leur mission ces derniers s'attribuèrent à chacun un certain nombre d'Élections, une certaine région de la France : c'est l'origine des Généralités. L'ordonnance de janvier 1400 (1), qui réduisit à trois le nombre des généraux des aides, supprima cette distinction entre leur juridiction contentieuse et leurs fonctions administratives, et prohiba la répartition géographique du service : « Avons » ordonné, voulons et ordonnons, et nous semble chose » très-profitable, que lesdits généraux ne partent point » les pays de nostre royaume en en prenant chacun une » contrée sous son gouvernement, ainsi comme par leurs » prédécesseurs audit office a esté fait ou temps passé, » laquelle chose nous leur défendons très-étroitement. » Mais cette prescription ne fut pas longtemps observée, et l'on revint bientôt aux anciens errements que l'expérience avait déjà consacrés. On en trouve la preuve dans l'ordonnance du 23 juin 1411 (2).

Le xve et le xvie siècle furent l'époque où se développa complètement cette organisation que le siècle précédent avait vu naître. D'un côté, les *généraux conseillers sur le fait de la justice* : c'est la Cour des Aides, ou pour mieux dire ce sont les Cours des Aides, car on vit bientôt ces juridictions se multiplier à l'instar des Parlements (3);

---

(1) *Ordonnances du Louvre*, VIII, 409; Isambert, VI, 855.
(2) *Ordonnances du Louvre*, IX, 669. Voir aussi M. de Pastoret, même collection, préface du t. XVII, p. IV.
(3) Sur les Cours des Aides, voir Pardessus, *Mémoire sur l'orga-*

d'un autre côté, *les généraux conseillers ordonnés par le Roi pour le fait et gouvernement des finances* (1), ou plus brièvement *les généraux des finances* (2). On dit *finances* et non plus *aides*, parce que le mot *aide* a pris un sens restreint et désigne les impôts indirects, par opposition aux impôts directs, qui sont comme les premiers dans les attributions des généraux (3). L'ordonnance d'avril 1459, article 9, parle des circonscriptions territoriales confiées à chacun de ces fonctionnaires; et, en leur pres-

---

nisation judiciaire et l'administration de la justice en France, 1re partie, titre Ier, chapitre II, section VI, édit. in-fo, p. 113 ; Guyot, *Répertoire universel et raisonné de jurisprudence*, édit. de 1784-1785, t. V, p. 125 ; Chéruel, *Dictionnaire historique des institutions de la France*, t. I, p. 249, R. Dareste, *La Justice administrative en France*, p. 32-42 ; C. Dareste, *Hist. de l'Administration*, I, 384-385. — Dans la préface du tome XVII des *Ordonnances du Louvre*, M. de Pastoret a traité de l'Administration des généraux et des élus.

(1) Pendant près d'un siècle, les Rois, dans leurs lettres patentes, les désignent habituellement ainsi : « les généraux conseillers par nous ordonnés sur le fait et gouvernement de nos finances *ou* de toutes nos finances. » C'est en ces termes que s'expriment Charles VII, Louis XI, Charles VIII, Louis XII et François Ier dans vingt et une lettres patentes conservées aux archives communales de Troyes, layette 51, et datées des 23 avril 1457, 9 juin 1460, 26 septembre 1461, 5 mars 1466, 9 juillet 1468, 5 mars 1469, 18 mai 1470, 31 mars 1475, 23 février 1479, 18 mars 1482, 11 octobre 1483, 20 mars 1490, 20 juillet 1498, 8 décembre 1500, 7 janvier 1513, 21 septembre 1513, 28 février 1514, 20 avril 1518, 10 décembre 1519, 18 avril 1521, 31 juillet 1539. Le 8 mars 1425, des lettres patentes les appellent généraux gouverneurs de toutes nos finances.

(2) Charles VII et François Ier, dans des lettres patentes du 23 avril 1457, du 9 janvier 1533 et du 22 novembre 1536, se servent de l'expression de *généraux de nos finances*. Archives communales de Troyes, layette 51.

(3) Dans l'ordonnance du 23 janvier 1411 (*Ordonnances du Louvre*, IX, 669), le mot *finance* est employé dans un sens un peu différent de celui que nous indiquons : il veut dire administration des impôts, par opposition à juridiction contentieuse des impôts.

crivant d'aller et d'envoyer souvent dans les Élections de leurs charges (1), elle nous montre les Généralités établies, quoique le nom ne fût pas encore usité, ce semble ; nous l'avons trouvé pour la première fois dans une pièce datée du 27 décembre 1500, où il est question de la *charge et généralité* d'Outre-Seine (2).

L'usage paraît s'être établi au xv⁰ siècle d'avoir, dans chacune des trois charges de général ou Généralités, un receveur général qui centralisait le produit des impôts (3), et un trésorier de France qui avait mission de surveiller l'administration du domaine (4). Les receveurs généraux avaient au-dessous d'eux les receveurs particuliers placés dans chaque Élection ; en 1444, ils étaient trois : outre le receveur général à proprement parler, c'est-à-dire le receveur général de Languedoïl, une ordonnance en nomme deux autres, celui de Languedoc, et celui qui avait dans ses attributions Paris et d'autres diocèses et Élections tant sur qu'outre les rivières d'Yonne et de Seine (5). On doit reconnaître dans cette dernière circonscription la Généralité d'Outre-Seine, dont nous venons de dire que nous avons trouvé soixante-six ans plus tard la mention formelle. A cette époque, la Normandie, la Guyenne, la Bourgogne, la Provence, et même un peu le Dauphiné, étaient administrativement indépendants des rois de France. Mais on sait quel vaste accroissement territorial prit en France l'autorité monarchique pendant les der-

(1) *Ordonnances du Louvre*, XIV, 484; Isambert, IX, 383.
(2) Archives communales de Troyes, layette 51.
(3) La recette centrale des revenus domaniaux était confiée au changeur du Trésor. Ordonnance du 10 février 1444, dans les *Ordonnances du Louvre*, XIII, 1414, et dans Isambert, IX, 120.
(4) Voir Dareste, *La Justice administrative en France*, p. 24.
(5) Ordonnance du 10 février 1444 ; voir notamment le préambule et les articles 9, 10 et 12.

nières années de Charles VII et le règne de Louis XI ; ce progrès eut pour conséquence l'augmentation du nombre des Généralités. En 1523, une ordonnance énumère dix recettes générales : Outre-Seine, Languedoïl, Normandie, Languedoc, Guyenne, Bourgogne, Picardie, Provence, Dauphiné, Bretagne (1). L'édit de décembre 1542, qui contient la liste des charges ou Généralités alors existantes, nous donne une énumération identique : Outre-Seine, Normandie, Picardie, Languedoïl, Guyenne, Bretagne, Languedoc, Bourgogne, Dauphiné, Provence (2). De ces Généralités, il y en a deux dont le nom disparut un siècle plus tard et ne représentera à l'esprit de la plupart de nos lecteurs aucune idée de circonscription géographique, ce sont les Généralités de Languedoïl et d'Outre-Seine. La Généralité de Languedoïl comprenait la partie occidentale de la France propre entre la Guyenne au Sud, la Bretagne à l'Ouest, la Normandie au Nord. La Généralité d'Outre-Seine, séparée de celle de Languedoïl par la Seine, était la partie orientale de la France propre entre la Picardie au Nord, la Bourgogne au Sud, la Lorraine à l'Est : le registre D. 84 des *Archives de l'Aube*, nous donne la liste des principales localités qui s'y trouvaient renfermées : Paris, Brie-Comte-Robert (Seine-et-Marne), la Ferté-Alais (Seine-et-Oise), Melun, Moret (Seine-et-Marne), Nemours (Seine-et-Marne), Sens (Yonne), Montargis (Loiret), Senlis (Oise), Creil (Oise), Beaumont (Seine-et-Oise), Clermont (Oise), Bulles (Oise), Bailleu-sur-Thérain (Oise), Milly (Oise), Troissereux (Oise), Sacy-le-Grand (Oise), Bonneuil (Oise), Crépy-en-Valois (Oise), Villers-Cotterets (Oise), La Ferté-Milon (Aisne), Chauny (Aisne), Chartres, Étampes (Seine-et-Oise), Dourdan

---

(1) Ordonnance du 28 décembre 1523, art. 1er ; Isambert, XII, 224.
(2) Isambert, XII, 803.

(Seine-et-Oise), Mantes (Seine-et-Oise) Meulan (Seine-et-Oise), Meaux (Seine-et-Marne), Crécy (Seine-et-Marne), Troyes, Sézanne (Marne), Vitry-en-Perthois (Marne), Château-Thierry (Aisne), Châtillon-sur-Marne (Marne), Saint-Dizier (Haute-Marne), Épernay (Marne), Sainte-Menehould (Marne), Passavant (Marne), Chaumont-en-Bassigny, Vassy (Haute-Marne), Bar-sur-Aube (Aube). Ce registre, qui porte la signature du fameux bibliophile Grolier, et qui est daté de 1534, est un *état par estimation* ou budget des recettes du domaine dans la *charge et trésorerie* d'Outre-Seine et Yonne, qui paraît avoir eu les mêmes limites que la *charge et Généralité* de même nom.

La circonstance que Troyes faisait partie de la Généralité d'Outre-Seine nous permet de donner, avec quelque probabilité, le nom du général des finances qui administra cette Généralité de 1503 à 1521 : il s'appelait Hurault; pendant cet intervalle, nous avons trouvé treize fois sa signature au bas des lettres d'attaches délivrées par les généraux pour rendre exécutoires les lettres patentes en matière de finance adressées aux habitants de Troyes par les rois Louis XII et François I*er* (1).

Les édits de décembre 1542 et de janvier 1551 augmentèrent le nombre des grandes circonscriptions administratives. Le premier de ces édits éleva de dix à dix-sept le nombre des recettes générales, en décidant qu'il y en aurait désormais deux dans la Généralité d'Outre-Seine, à Paris et à Châlons-sur-Marne; deux dans celle de Normandie, à Caen et à Rouen ; cinq dans celle de Languedoil, à Bourges, à Tours, à Poitiers, à Issoire et à Lyon ; deux dans le Languedoc, à Toulouse et à Montpellier ; ce qui donne onze recettes générales, auxquelles il faut

---

(1) Archives communales de Troyes, layette 51.

joindre Aix pour la Provence, Grenoble pour le Dauphiné, Agen (1) pour la Guyenne, Amiens pour la Picardie, Dijon pour la Bourgogne, et enfin, pour la Bretagne, Nantes, que cette ordonnance passe sous silence, nous ignorons par quel motif. Cet édit oblige les généraux des finances et les trésoriers de France à placer un commis près de chacun des dix-sept receveurs généraux, dont il surveillera la comptabilité; mais elle n'augmente pas le nombre des dix Généralités (2). L'édit de janvier 1551 complète la mesure prise en décembre 1542. Il laisse subsister les dix-sept recettes générales sans modification, sauf celle d'Issoire, qu'il transfère à Riom, et, dans le ressort de chacune, il crée un trésorier de France général des finances (3). Il y a donc dix-sept Généralités. De là date celle de Champagne. Nous avons relevé les noms de trois hauts fonctionnaires qui l'administrèrent pendant les vingt-cinq années suivantes. En 1554, Nicolas de La Chesnaye, sieur d'Anneul et de Saint-Léger, était conseiller du Roi, trésorier de France, général de ses finances en la province de Champagne (4). Ses deux successeurs dans la charge de général ne paraissent pas y avoir réuni celle de trésorier de France. Claude Pioche, qui avait Reims pour résidence (5), fut de 1560 à 1564, conseiller du Roi, général de ses finances en la province de Champagne (6). Jean Thomelin prit le même titre et remplit les mêmes fonctions de 1570 à 1576 (7).

(1) Agen fut plus tard remplacé par Bordeaux.
(2) Isambert, XII, 796-805.
(3) Isambert, XIII, 236-247.
(4) Archives communales de Troyes, layette 52.
(5) Archives communales de Troyes, layette 52.
(6) Archives communales de Troyes, layettes 23, 52; *Archives communales de Chaource*, CC. 2.
(7) Archives communales de Troyes, layette 52.

Les généraux des finances n'avaient pour mission que de surveiller la perception et l'emploi des impôts. C'était alors assez à faire pour l'État que de chercher les moyens de vivre et de se défendre; l'administration n'avait pas encore organisé et pris à sa charge, d'une manière régulière et suivie, la tutelle des communes et des nombreux intérêts publics qui lui sont aujourd'hui confiés. Mais, comme on l'a pu déjà comprendre, les généraux des finances n'étaient ni dépositaires, ni comptables des fonds publics : leurs attributions sont aujourd'hui partagées, pour la plupart, entre le ministre des finances, les inspecteurs des finances, les directeurs des contributions directes et les préfets. L'ordonnance du 26 janvier 1382 leur donne pouvoir d'instituer et de destituer les élus, receveurs, grénetiers, contrôleurs, d'affermer les aides ou de les mettre en régie, de taxer les gages, de donner des répits, de transiger (1). Celle d'avril 1459 leur prescrit des tournées (2). Aux termes des ordonnances de février 1444 (3) et de décembre 1523 (4), ils doivent dresser les budgets des receveurs et même, suivant la seconde, arrêter les comptes des receveurs généraux, sauf vérification ultérieure à la Chambre des Comptes. L'ordonnance de décembre 1542 déclare nulles les quittances délivrées par les receveurs généraux, quand elles n'ont pas été enregistrées par le commis des trésoriers de France et généraux des finances établi près la recette générale dont

---

(1) *Ordonnances du Louvre*, VI, 705. Voir aussi M. de Pastoret, préface du t. XVII, p. IX.
(2) *Ordonnances du Louvre*, XIV, 484 ; Isambert, IX, 353. La même prescription se trouve dans les ordonnances de décembre 1542 et de janvier 1551.
(3) *Ordonnances du Louvre*, XIII, 414; Isambert, IX, 120.
(4) Isambert, XII, 222.

il s'agit (1). On sait que le registre prescrit par cette loi est aujourd'hui tenu dans chaque préfecture.

La seconde moitié du xvi° siècle fut témoin de deux modifications administratives importantes. L'une fut la suppression de l'administration spéciale chargée de l'entretien des biens domaniaux et de la perception des revenus de ces biens. La surveillance de ce service était confiée aux trésoriers de France et les fonds étaient centralisés par le changeur du Trésor, dont il est question dans les ordonnances du 25 septembre 1443 (2) et du 10 février 1444 (3). L'ordonnance de janvier 1551 supprima le changeur du Trésor, prescrivit de verser les fonds domaniaux entre les mains des receveurs généraux, et confia à un seul homme dans chaque Généralité les charges, jusque-là séparées, de trésorier de France et de général des finances. Quelques années après, nous voyons ces charges de nouveau et momentanément séparées (4) : Claude Pioche et Thomelin prennent le titre de généraux des finances, sans y joindre, comme Nicolas de La Chesnaye, leur prédécesseur, le titre de trésorier de France. Mais, en juillet 1577, cette grande révolution administrative fut consommée. Une ordonnance unit définitivement les charges de trésorier de France et de général des finances. Mais elle substitua dans chaque Généralité une compagnie de trésoriers de France généraux des finances au fonctionnaire unique qui, d'après l'édit de

---

(1) Isambert, XII, 798.
(2) *Ordonnances du Louvre*, XIII, 372. Voir aussi C. Dareste, *Histoire de l'Administration*, I, 347.
(3) *Ordonnances du Louvre*, XIII, 414 ; Isambert, IX, 120.
(4) Par l'édit d'août 1557. R. Dareste, *La Justice administrative en France*, p. 26 ; voir aussi Guyot, *Répertoire universel et raisonné de jurisprudence*, t. XVII, p. 288, col. 1.

1551, devait administrer chacune des dix-sept Généralités (1) (cette compagnie fut plus tard appelée *bureau des finances*); cette modification aux prescriptions de l'édit de janvier 1551 imprima un vice radical à cette institution : une compagnie ne pouvait avoir l'unité d'action et l'initiative qui sont, en administration, les conditions indispensables de la force et du progrès ; elle dut, en outre, prendre à l'égard du pouvoir un esprit d'indépendance que la vénalité des charges bientôt introduite vint nécessairement accroître. Aussi la tendance du gouvernement fut-elle désormais de chercher à réduire les attributions des *bureaux des finances* au contentieux administratif, et de confier peu à peu l'administration proprement dite de la Généralité à un nouveau fonctionnaire unique et dépendant (2). Ce nouveau fonctionnaire, dont l'autorité était destinée à un développement bien plus vaste que celle du général des finances, ce fut *l'Intendant de justice, police et finances* ou *commissaire départi pour l'exécution des ordres du Roi* dans chaque Généralité.

Les premiers rudiments de cette nouvelle institution existaient dès l'année 1553, où un édit contient un règlement sur les chevauchées ou tournées d'inspection que devaient faire dans tout le royaume, les maîtres des requêtes de l'hôtel, c'est-à-dire les fonctionnaires dont la mission ordinaire était de faire les rapports sur les re-

(1) Guyot, *Répertoire*, t. XVII, p. 288, col. 2. R. Dareste, *La Justice administrative en France*, p. 26-27. Il existe aux archives de la ville de Troyes, layette 52, des lettres patentes d'Henri III, datées du 13 octobre 1578, et adressées « à nos amés et féaux conseillers les » trésoriers de France et généraux des finances en leur bureau établi » à Châlons. »

(2) Sur les attributions des bureaux des finances, voir R. Dareste, *La Justice administrative en France*, p. 28-31.

quêtes adressées au Roi en son Conseil d'Etat (1). Un rôle arrêté au Conseil le 23 mai 1555 prend pour base de la répartition de ces tournées entre les maîtres des requêtes la division de la France en Généralités. Les célèbres ordonnances d'Orléans, 1560; de Moulins, 1566; de Blois, 1579, enjoignent aux maîtres des requêtes de faire exactement leurs tournées (2). L'ordonnance de mars 1583 parle évidemment des maîtres des requêtes ou des conseillers d'État délégués pour faire des chevauchées, quand, dans son article 17, elle annonce l'envoi de « commissaires que nous députerons dans chaque pro- » vince de notre dit royaume pour l'exécution de cette » présente déclaration et règlement. » Ces commissaires dresseront les rôles de l'arriéré des tailles dues par les prétendus nobles qui se sont fait irrégulièrement exempter ; ils jugeront les réclamations des paroisses et des particuliers taillables qui se prétendent imposés trop haut (3). Cette juridiction est maintenue par les articles 39 et 40 de l'ordonnance de mars 1600 (4) et par l'article 65 de celle de janvier 1634 (5), et nous trouvons dans nos archives un arrêt rendu le 30 mars 1600, par « le Roi en son Conseil, sur ce ouï l'un des conseillers en » son Conseil, commissaire député en la province de » Champagne pour le regalement de la taille. » En 1626, ces commissaires, connus sous le nom d'*intendants de justice*, étendaient leur pouvoir à d'autres matières que celles d'impôt et provoquaient les réclamations des Parle-

---

(1) Chéruel, *Dictionnaire historique des Institutions de la France*, p. 747 ; R. Dareste, *La Justice administrative en France*, p. 104.
(2) R. Dareste, *La Justice administrative en France*, p. 105 ; Bailly, *Histoire financière de la France*, I, 252.
(3) Isambert, XIV, 544-545.
(4) Isambert, XV, 237-238.
(5) Isambert, XVI, 405-406.

ments (1). En 1629, le Code Michaud les charge de la surveillance de tous les officiers royaux et leur donne mission de recevoir les réclamations des sujets du Roi sur tous les abus qui peuvent donner lieu à plainte; ils doivent faire leur rapport sur ces abus; mais il est évident qu'en un grand nombre de cas ils ont déjà droit de décider par eux-mêmes; ils peuvent notamment réduire de leur autorité les épices exagérées réclamées par les juges (2). Nous connaissons, pour la Champagne, les noms de trois de ces intendants de justice qui ont préparé la voie aux intendants de justice, police et finances.

Ils m'ont été signalés par M. Albert Babeau, dont les savants travaux sur l'ancienne administration de la France ont obtenu un si légitime succès, ce sont :

André Le Fèvre d'Ormesson, 1615-1616 ;

Baptiste de Bermont, 1620 ;

Jacques Le Prévost, seigneur d'Herbelay, 1629.

D'Ormesson est mentionné au tome II, p. 476-477, des mémoires de Pierre Coquault, bourgeois de Reims, publiés par M. Ch. Loriquet, le savant bibliothécaire de la ville de Reims. Voici en quels termes Pierre Coquault parle de cet administrateur :

« Je doibs à l'honneur de la mémoire de feu M. d'Or-
» messon, doien des conseillers d'Estat, âgé de 86 ans
» environ, décédé en janvier 1665, ung mot de sa vie
» dans ces Mémoires. Il a esté homme de grande pro-
» bité, craignant Dieu, grand aulmosnier. Madame sa

(1) Chéruel, *Histoire de l'Administration monarchique en France*, p. 212-293.
(2) Isambert, XVI, 241-242; R. Dareste, *La Justice administrative en France*, p. 106-107. (Voir à ce sujet les *Délibérations arrêtées en l'assemblée des cours souveraines*, art. 1ᵉʳ et 10, dans Isambert, XVII, 72, 73, 78.)

CHAPITRE PREMIER

» feme, décédée avant luy 10 ans, fort charitable, entre-
» tenoit les pauvres de médicamentz qu'elle faisoit ou
» faisoit faire et que Monsieur voioit et agréoit. Faisoit
» bonne justice sans corruption; a esté intendant de jus-
» tice en 1615 et 1616 en Champagne, en la guerre de la
» minorité de Louis 13°, suscitée par M. le Prince,
» M. de Nevers, duc du Maine et duc de Bouillon, soubz
» prétexte du marquis d'Ancre contre Marie de Médicis,
» reine mère. Avions l'honneur d'estre cognu de lui et
» logeoit durant plus de six mois au logis de feu mon
» oncle, M. Pierre Coquault, prestre, chanoine et conseil-
» ler au présidial de cette ville (1). »

La *Revue des Sociétés savantes*, sixième série, t. IV, p. 156-157, a publié un extrait d'un registre du bailliage de Troyes où, sous la date du 2 mars 1620, « Baptiste
» de Bermond, conseiller du Roy en son Conseil d'Estat
» et mestre des requestes ordinaires de son Hostel, fait
» donner lecture d'une commission du Roy, en date du
» 20 janvier 1620, par laquelle il est commis et ordonné
» intendant de justice ès provinces de Champagne et
» Brye, bailliages, seneschaussées, sièges présidiaux et
» prévostéz et tous autres sièges et juridictions établies
» esdits pays. » Ce document avait été découvert par M. A. Babeau (2).

Dans un curieux livre de M. Auguste Nicaise : *Epernay*

---

(1) André Le Fevre d'Ormesson est le père d'Olivier d'Ormesson, célèbre par son indépendance dans le procès Fouquet et par ses *Mémoires* que M. Chéruel a publiés.

(2) Je ne suis pas entièrement convaincu, comme M. de Boislisle, que les *maîtres des comptes* Michel Le Tellier et Guillaume Marescot, intendants en Champagne l'un de 1589 à 1591, l'autre en 1615, doivent être considérés comme représentant une institution identique à celle qui a eu pour expression les trois *conseillers d'État* dont nous parlons ici.

et l'abbaye de Saint-Martin, t. I, p. 171-173, deux délibérations des habitants d'Epernay, 29 juillet et 4 août 1629, mentionnent « Jacques Le Prévost, seigneur d'Herbelay, conseiller d'Estat, maistre des requêtes, intendant de justice en la province de Champagne. »

Voici la liste que j'ai dressée des intendants de justice, police et finances, qui succédèrent, en Champagne, aux intendants de justice :

Isaac de Laffemas, 1633-1634, était intendant de Metz, Toul et Verdun en même temps que de Champagne, avait été d'abord avocat au Parlement, avocat général à la Chambre des requêtes, était devenu conseiller d'Etat en 1625. De l'Intendance de Champagne il passa à celle d'Amiens, 1635 ; il occupa la charge de lieutenant civil à Paris de 1637 à 1643, et, après avoir été un des agents les plus redoutés du gouvernement de Richelieu, il mourut conseiller d'État en 1657 (1).

Jean de Choisy, 1635-1636.

Claude Vignier, 1636, était président au Parlement de Metz, devint intendant de Metz en 1641, de Lorraine en 1642.

Housset, 1636-1638 (2).

Jean de Mesgrigny, 1638, avait été intendant d'Auvergne et Bourbonnais, de 1635 à 1638.

Jean de Choisy, pour la seconde fois, 1639.

---

(1) M. le baron de Boyer-Sainte-Suzanne, *Le personnel administratif sous l'ancien régime*, Paris 1868, nous a fourni pour cet intendant et pour ses successeurs la plupart des indications que nous donnons sur leurs fonctions avant et après l'époque où ils ont été intendants de Champagne. Sur Laffemas, voir Lalanne, *Dictionnaire historique de la France*, p. 1075.

(2) Je ne le connais que par Baugier, *Mémoires historiques de la province de Champagne*, t. II, p. 265.

De Choche, 1640 (1).

Gobelin (2), 1640, probablement le même que Claude Gobelin, intendant d'Orléans en 1637.

Pussort, 1641 (3).

Bretel de Grémonville, 1642, peut-être le même que Nicolas Bretel de Grémonville, président au Parlement de Rouen, ambassadeur à Venise de 1643 à 1647.

Nicolas Jannin de Castille, 1642-1645 (4).

Jean Le Camus, 1645-1647, avait été d'abord intendant de Montpellier en 1633 ; il possédait une charge de conseiller au Parlement de Paris. Il mourut le 26 juin 1680.

Jean-Edouard Molé de Champlatreux, 1648-1649, avait été reçu conseiller au Parlement de Paris le 30 janvier 1637, maître des requêtes en 1643 ; devint président à mortier en 1657, mourut en 1682. Il était fils du célèbre premier président et garde des sceaux Mathieu Molé.

Paget, 1650, fut révoqué (5).

Gargan, 1654 (6).

Daniel Voisin, 1656-1662, avait été intendant de Riom

---

(1) Baugier, *ibidem*, Archives de l'Aube, C. 1784.
(2) Baugier, *ibidem*.
(3) Je ne le connais que par le baron de Boyer-Sainte-Suzanne *Les Intendants de la Généralité d'Amiens*, p. 514. Il est probablement parent du conseiller d'Etat Henri Pussort, né en 1615 mort en 1697. Lalanne, *Dictionnaire historique*, p. 1510.
(4) Probablement fils ou petit-fils du contrôleur général Pierre Jeannin, mort en 1622, sur lequel on peut voir Lalanne, *Dictionnaire historique*, p. 1039.
(5) Je ne le connais que par Baugier, *Mémoires*, t. II, p. 265.
(6) Je ne le connais que par le baron de Boyer-Sainte-Suzanne, *Les Intendants de la Généralité d'Amiens*, p. 514 ; *Le personnel administratif*, p. 68.

en 1648, fut prévôt des marchands de Paris, mourut le 22 novembre 1693.

Louis de Machaut, 1663-1666, né en 1623, était devenu conseiller au Grand-Conseil en 1644, maître des requêtes en 1649, intendant de Montauban en 1655. De Châlons il passa à Amiens en 1666, à Orléans en 1667, à Soissons en 1669. Il mourut en 1695.

D'Herbigny, 1666.

François-Louis Le Febvre de Caumartin, 1666-1672. Né en 1624, il avait obtenu en 1644 une charge de conseiller au Parlement de Paris; il était devenu maître des requêtes en 1653. Il mourut en 1687. Il est le cinquième des Le Fèvre de Caumartin dont le *dictionnaire* de Mercier donne la généalogie.

Jean-Jacques Charron de Ménars, 1673, avait été intendant d'Orléans, devint intendant de Paris en 1681.

Thomas Hue de Miromesnil, 1673-1689, avait été intendant de Poitiers, 1671, et passa de Châlons à Tours en 1689. Président au Grand-Conseil, il mourut en 1702.

Louis-Claude Béchameil, marquis de Nointel, 1689-1691, avait été intendant de Rennes, 1680 ; fut de nouveau intendant de Rennes, 1692-1705.

Michel Larcher marquis de Baye, 1692-1699. Président à la Chambre des Comptes de Paris, il avait été intendant de Rouen en 1690.

Jean-Baptiste de Pommmercu, 1699-1702, avait été intendant d'Alençon, 1689-1699; fut prévôt des marchands de Paris, mourut le 13 février 1732 (1).

André de Harouys, 1703-1711, avait été intendant de Besançon, 1700.

(1) Sur ce dernier et ses trois prédécesseurs, voir de Boislisle, *Correspondance des Contrôleurs généraux*, t. Ier, table.

César-Charles de Lescalopier, 1711-1730, fut d'abord conseiller au Parlement. Premier président au Grand-Conseil, il mourut conseiller d'État en 1753.

Charles-Estienne Lepelletier de Beaupré, 1730-1749, était depuis 1722 conseiller au Parlement de Paris et maître des requêtes. Au sortir de son intendance, il devint conseiller d'Etat et premier président au grand-conseil.

Gaspard-Henri Caze, baron de la Bove, 1749-1750, avait été intendant d'Auch et Pau de 1744 à 1749. Il mourut à Langres en 1750.

Henri-Louis de Barberie de Saint-Contest, 1750-1764, avait été intendant de Limoges, 1743.

Gaspard-Louis Rouillé d'Orfeuil, 1764-1790, avait été intendant de La Rochelle, 1762. A partir de 1786, Antoine-Louis Rouillé son fils, lui fut associé comme sous-intendant.

Au mois de juillet 1790, les deux Rouillé cessèrent leurs fonctions et leur place fut prise par les conseils électifs que l'Assemblée nationale avait créés. L'Assemblée nationale en cela n'avait fait que tirer les conséquences d'un principe déjà posé par le Roi. Dès le 23 juin 1787, appliquant à la Champagne un système administratif nouveau, déjà essayé par lui dans plusieurs provinces et qu'il se hâta d'organiser dans les autres, Louis XVI avait établi à Châlons-sur-Marne une Assemblée provinciale, dans chaque chef-lieu d'Election de la Champagne une Assemblée d'Election, dans chaque paroisse une Assemblée municipale. Bientôt ces conseils, à peu près indépendants de l'autorité centrale, avaient arraché à l'intendant, lambeau par lambeau, la plupart de ses attributions, et quand, en juillet 1790, le nom même des intendants disparut, il y avait déjà deux ans environ que ces représentants autrefois si redoutables de la centralisation administrative avaient perdu presque toute autorité.

Le territoire soumis aux intendants de Champagne, au xviii° siècle, se composait des élections de Bar-sur-Aube, Châlons-sur-Marne, Chaumont-en-Bassigny, Épernay, Joinville, Langres, Reims, Rethel, Sainte-Menehould, Sézanne, Troyes et Vitry-le-François, et du département de frontière de Champagne, qui avait Sedan pour chef-lieu. Il était moins étendu que le grand gouvernement ou la province de Champagne, qui comprenait en outre les onze élections de Château-Thierry, Coulommiers, Joigny, Meaux, Montereau, Nogent-sur-Seine, Provins, Rozoy, Saint-Florentin, Sens et Tonnerre, celles-ci soumises à l'autorité de l'intendant de Paris.

Dans chaque Élection, l'intendant avait ordinairement un, quelquefois plusieurs subdélégués. Les subdélégués de Troyes furent Denise, maître des eaux-et-forêts, 1648 ; Jean-Baptiste Lemuet de Jully, 1680 ; Jean Comparot, seigneur de Longsols, président en l'Élection de Troyes, 1683-1705 ; Jean Paillot, de 1707 jusque vers 1740, et Pierre Jean Paillot, qui succéda au précédent et fut en fonctions jusqu'en 1790. Les subdélégués avaient une mission analogue à celle des sous-préfets, mais sauf un espace de dix ans, 1705-1715, où ils furent propriétaires de leurs charges, ils étaient commissionnés de l'intendant et révocables par lui (1). L'intendant déterminait à son gré leur nombre et les limites du territoire dont il leur confiait l'administration. C'est ainsi qu'en 1783 la subdélégation de Montiérender fut supprimée et les communautés dont elle se composait réunies aux subdélégations

(1) R. Dareste, *La Justice administrative en France*, p. 114-115.

voisines (1). Vers la même époque, les communautés de Puellemontier et de Ville-sur-Terre furent distraites de la subdélégation de Troyes et placées dans celle de Bar-sur-Aube, qui perdit Virey-sous-Bar et Courtenot, dont l'intendant prescrivit la réunion à la subdélégation de Troyes (2). Nous avons aussi constaté qu'Arcis-sur-Aube fut momentanément chef-lieu d'une subdélégation (3).

L'administration des intendants de Champagne, telle que nous allons l'exposer, ressemblait évidemment beaucoup à celle de leurs collègues, mais n'était pas absolument identique. Il y avait, dans l'ancienne monarchie, peu de règlements administratifs généraux, et la plupart des droits exercés par les intendants leur étaient accordés, sur leur demande, par des arrêts du Conseil spéciaux à leur province. D'ailleurs tous les intendants n'avaient pas une position identique à l'égard des populations placées sous leur autorité. Sur trente-trois Intendances qui existaient en 1789, vingt seulement étaient établies dans les Généralités des pays d'Élection dont faisait partie la Champagne ; six intendants servaient d'organe à l'autorité centrale dans les Généralités des Pays d'État, où il fallait compter avec de puissantes influences locales, et, pour gouverner, dominer des assemblées indépendantes en principe, sinon toujours en réalité ; enfin, sept intendants n'avaient en face d'eux non-seulement pas d'États provinciaux, mais pas d'Élections ni de Bureau des Finances (4). On aurait donc tort de généraliser d'une

(1) Archives de l'Aube, C. 304.
(2) Archives de l'Aube, C. 941.
(3) Archives de l'Aube, C. 1193.
(4) Les Généralités de Pays d'Élection étaient celles d'Alençon, Amiens, Auch, Bordeaux, Bourges, Caen, Châlons, Grenoble, Limoges, Lyon, Montauban, Moulins, Orléans, Paris, Poitiers, Riom, La

manière absolue. On aurait tort surtout d'attribuer sans réserve à un intendant de Pays d'État les mêmes pouvoirs qu'à un intendant de Pays d'Election, comme l'Intendant de Champagne.

Pour étudier l'administration des intendants, nous suivrons l'ordre suivant : Taille et impositions accessoires, Vingtièmes, Domaine et droits joints, Administration militaire, Ponts et Chaussées, Police, Administration communale, Corporations, Agriculture, Statistique.

Rochelle, Rouen, Soissons, Tours; les Généralités de Pays d'État étaient celles d'Aix, de Dijon, Montpellier, Rennes, Toulouse, Metz : total vingt-six Généralités, c'est-à-dire neuf de plus qu'en 1551 (p. 10). Il n'y avait ni Etats, ni Elections, ni Bureaux de Finances dans les Intendances de Besançon, Lille, Lorraine, Valenciennes, Perpignan, Strasbourg, Trévoux. Chéruel, *Dictionnaire historique des Institutions de la France*, t. I, p. 484.

CHAPITRE II

TAILLE, CAPITATION ET IMPOSITIONS ACCESSOIRES

La taille, impôt de répartition sur le revenu et proportionnelle au revenu, est le plus ancien des impôts directs de la monarchie. La capitation, qui date de 1695 et que l'on présente vulgairement comme un impôt identique à notre contribution personnelle, n'était pas invariable comme cette contribution : quand il s'agissait des privilégiés, elle constituait une sorte d'impôt progressif réglé non d'après leur fortune, mais d'après leur dignité et leur rang dans l'État ; les taillables la payaient au marc la livre de leur taille (1), comme les autres impositions accessoires, dont l'objet principal était l'entretien des troupes et la dépense occasionnée par divers travaux d'utilité publique. La capitation des taillables et les autres accessoires de la taille étaient donc comme la taille un impôt direct sur le revenu. Il y a au sujet de la taille et des impositions accessoires deux choses à distinguer, la confection des rôles et leur recouvrement.

(1) Les documents qui le prouvent dans nos archives sont sans nombre, voir du reste Guyot, *Répertoire*, t. II, p. 658.

CHAPITRE DEUXIÈME

Le montant de la taille et des accessoires, pour chaque Élection, était notifié à l'intendant, au bureau des finances et aux élus par lettres patentes du Roi (1); la quote-part de chaque communauté était fixée par un état de répartement dressé pour chaque Élection par l'intendant, par un trésorier de France, par les élus et signé d'eux (2). En conséquence, des mandements de répartition, revêtus des mêmes signatures, étaient envoyés à chaque communauté (3). Après la réception de ce mandement les asséeurs rédigeaient ou faisaient rédiger le rôle.

Les lettres patentes du Roi étaient ordinairement précédées des considérants que l'on jugeait propres à justifier ou pallier la mesure, et à calmer le contribuable peu satisfait de se voir réclamer une somme toujours pénible à payer. Ces considérants étaient habituellement reproduits en tête du mandement de répartition. Voici ceux de l'année 1685, tels qu'ils se trouvent dans les lettres patentes et dans le mandement qui concernent la taille de l'année suivante :

« Nous ne pouvions mieux faire connaître à nos peuples
» l'amour paternel que nous leur portons qu'en dimi-
» nuant, autant que le bien de l'État nous le permet, les
» charges que nous avons été obligé d'imposer sur eux
» pendant la guerre. C'est ce motif qui nous fit, l'année
» dernière, avant même que la paix fût affermie, dimi-
» nuer les tailles de l'année présente de trois millions
» quatre cent quarante-quatre mille sept cent dix-sept
» livres, et qui nous a fait prendre la résolution de les
» diminuer pour l'année prochaine de deux millions de
» livres, afin de faire goûter à nos sujets les douceurs de

---

(1) Archives de l'Aube, C. 971.
(2) Archives de l'Aube, C. 968, 969.
(3) Archives de l'Aube, C. 971.

» la paix et réparer, autant que nous le pouvons, la sté-
» rilité de la récolte de l'année dernière ; et au moyen
» de ces grandes diminutions, nous avons la satisfaction
» de voir que la taille de l'année 1686 sera moindre
» qu'elle n'a esté depuis plus de cinquante ans, à quoi
» nous espérons ajouter par la suite des temps de plus
» grands soulagements (1). »

Dans le mandement de répartition, ces considérants étaient suivis de la fixation du chiffre de l'impôt et d'une instruction détaillée pour les asséeurs.

Les asséeurs, depuis l'édit de mars 1600 (2), n'étaient autre que les collecteurs, c'est-à-dire qu'après avoir dressé le rôle ils en faisaient le recouvrement. Ils ne devaient pas, comme nos contrôleurs des contributions directes, ni comme nos percepteurs, leur nomination au choix de l'administration ; ils étaient désignés par la communauté dont ils répartissaient l'impôt, et la communauté devait les prendre parmi les habitants (3). Cette fonction était une charge très-lourde, parce que les collecteurs étaient obligés de payer au receveur des tailles de l'Élection le montant total du rôle, aux termes fixés par les ordonnances, sans pouvoir donner comme excuse le refus qu'auraient fait certains contribuables de verser entre leurs mains leur quote-part d'impôt. Les déclarations du Roi de 1716, 1717 et 1723 décidèrent que les communautés seraient obligées de désigner pour asséeurs et

---

(1) Archives de l'Aube, C. 971.
(2) Isambert, XV, 230, art. 11.
(3) Le droit de nommer les asséeurs et les collecteurs avait d'abord appartenu aux élus ; il passa ensuite aux communautés, qui furent responsables de leur choix. Ordonnance du 21 novembre 1379, art. 5, dans les *Ordonnances du Louvre*, VI, 444 ; Isambert, V, 513. Voir aussi Pastoret, préface du t. XVII des *Ordonnances du Louvre*, p. VII.

collecteurs chacun des habitants à tour de rôle, suivant l'ordre d'un tableau qui devait être tous les ans mis à jour (1). Les Archives de l'Aube contiennent un nombre considérable de nominations faites par les communautés antérieurement et postérieurement à ces déclarations : notre Inventaire les indique ; il signale de même un grand nombre de tableaux des habitants, dressés en exécution de ces déclarations.

Les asséeurs-collecteurs, ou pour parler plus brièvement les collecteurs, rédigeaient leur rôle arbitrairement, sans base certaine et sans qu'aucun travail sérieux les eût préalablement mis à même d'apprécier d'une manière raisonnée les facultés de chaque contribuable (2). Cette fâcheuse situation se prolongea en Champagne jusque vers le milieu du siècle dernier, où l'institution des *commissaires des tailles*, laissant subsister intactes les attributions des collecteurs quant à la perception de l'impôt, les réduisit à peu près au rôle de nos répartiteurs, quant à ce qui concerne le confection des rôles (3).

---

(1) Guyot, *Répertoire*, III, 655, 659 ; La Poix de Freminville, *Traité général du gouvernement des biens et affaires des communautés d'habitants*, p. 290-304.

(2) Ce que nous disons n'est pas applicable aux pays de taille réelle, c'est-à-dire aux Généralités de Grenoble, Montauban et Auch, et aux Elections d'Agen et de Condom, dans la Généralité de Bordeaux. Les pays de taille réelle eurent un cadastre dès le XVII° siècle. Chéruel, *Histoire de l'Administration monarchique en France*, II, 343 ; Guyot, *Répertoire*, I, 241-243 ; XVII, 29-38.

(3) Pendant les vingt premières années de l'existence des commissaires, l'en-tête des rôles porte que ces rôles ont été rédigés par les commissaires ; plus tard, les collecteurs rédigent de nouveau les rôles, mais en se conformant aux états fournis par les commissaires, ce qui réduit le travail de rédaction à une copie partielle. La déclaration du 7 février 1768, Guyot, *Répertoire*, XVII, 11-12 (voir Isambert, XXII, 475), détermine les droits respectifs des commissaires et des collecteurs.

Nous trouvons pour la première fois le nom des commissaires des tailles sous le règne de Louis XIII. Ils furent établis par édit de novembre 1615. Leur mission était de rédiger les rôles destinés à la perception de la taille et de l'impôt du sel. Cet édit les substituait aux greffiers des tailles ; ils n'étaient, comme ces derniers, que de simples scribes, et leur création fut, comme celle de tant d'inutiles offices, un de ces absurdes et momentanés expédients fiscaux si fréquents sous l'ancienne monarchie (1). En juin 1702, le titre de commissaire des tailles, qui avait depuis longtemps disparu, fut donné à des agents chargés du recouvrement des impositions; mais ces agents furent, comme les premiers, rapidement supprimés (2).

Les employés connus sous le nom de commissaires des tailles pendant les derniers temps de l'ancienne monarchie, paraissent, pour la première fois, dans un arrêt du Conseil du 5 juillet 1707 (3) et dans l'édit d'août 1715 (4), qui donne aux intendants le droit de faire rédiger les rôles par les personnes qu'ils désigneront. Mais les intendants de Champagne ne paraissent pas avoir fait immédiatement usage de cette faculté. Du moins, c'est en 1746 que nous trouvons pour la première fois des rôles rédigés par un commissaire des tailles; encore ces agents ne figurent-ils cette année que dans une partie des rôles (5).

(1) Archives de l'Aube, C. 972.
(2) Guyot, *Répertoire*, IV, 138.
(3) Guyot, *Répertoire*, XVII, 20. Bailly, *Histoire financière de la France*, II, 160-161, ne voit que les inconvénients de cette utile institution.
(4) Nous n'avons pu nous procurer le texte de cet édit, qui est cité dans les déclarations du 7 février 1768 et du 11 août 1776. Guyot, *Répertoire*, XVII, 11, 23.
(5) Notons toutefois que dès 1733 on trouve un commissaire nommé par l'intendant pour la *vérification* du rôle des tailles de Méry.

On peut, dans leur mission, distinguer trois parties : 1° Etablir un tarif servant de base à la répartition de l'impôt (1); 2° dresser la liste des contribuables et, pour chacun d'eux, l'état de ses revenus sujets à l'impôt ; 3° par l'application du tarif, fixer le montant de l'impôt dû par chacun. Parlons d'abord de la première opération. Voici, comme exemple, un extrait du tarif arrêté à Troyes, en 1747, par l'inspecteur des tailles, dans une assemblée des commissaires tenue au bureau de l'Election. Ce tarif est divisé en sept colonnes dont chacune va ici former un article précédé d'un titre :

« PAROISSE. — COURTERANGES

» *Distances des paroisses du chef-lieu de l'Élection, par*
» *aspect de soleil et taille principale.*
» 3 lieues au levant. Taille : 721 livres 9 sols 9 deniers.

» *Mesure de chaque paroisse pour la terre.*
» L'arpent contenant 100 cordes, la corde 20 pieds,
» le pied 12 pouces.

» *Mesure de chaque paroisse pour le grain et appré-*
» *ciation.*
» Mesure de Troyes, dont le setier de 16 boisseaux

---

(1) Voir, sur le travail de rédaction des tarifs, Guyot, *Répertoire*, XVII, 19. Sur la taille tarifée dans la Généralité de Limoges, voir *Turgot, sa vie, son administration, ses ouvrages*, par M. Tissot, p. 67 et suivantes. Les Archives de l'Aube possèdent deux tarifs de la taille, pour l'Election de Troyes, l'un date de 1747 (C. 2298), l'autre de 1774 (C. 2299). Le premier est de quatorze ans antérieur à la date où Turgot fut nommé à l'intendance de Limoges, 1761. L'honneur en revient à l'intendant de Champagne Le Pelletier de Beaupré, 1730-1749.

» pèse en froment 560 livres. Appréciation du setier de
» toute espèce : froment, 20 livres (monnaie); méteil,
» 15 livres 10 sols; seigle, 10 livres; orge, 8 livres
» 10 sols; avoine, 8 livres.

» *Évaluation de chaque nature de bien-fonds.*

» L'arpent de terre, 80 livres; médiocre, 60 livres;
» celui de chenevière, jardin et enclos, 240 livres; celui
» de vignes, 160; celui de pré en nature, 200 livres;
» pré pâture, 60 livres. Ferme, 70 livres.

» *Distribution des biens-fonds.*

» Propre (terre cultivée par le propriétaire), toute
» bonne; ferme, moitié bonne, moitié mauvaise. La con-
» sistance de la charrue fixée à 75 arpents de terre au
» total ; il faut 8 chevaux pour la charrue (1).

» *Industrie des artisans et manouvriers, dont la journée*
» *a été estimée et le profit fixé à raison de 200 jours utiles*
» *par an* (2).

» Maréchal, colleron (bourrelier), réputés gagner par
» jour 8 sols; revenu par an, 80 livres. Tissier, réputé
» gagner par jour 7 sols ; revenu par an, 70 livres.
» Manouvrier, réputé gagner par jour 6 sols; revenu par
» an, 60 livres. »

Ce tarif se perfectionna avec le temps ; on peut s'en
convaincre par le travail fait en 1768 pour servir à l'assiette de la taille de 1769 dans la même communauté.

(1) Les laboureurs d'une charrue ne payaient rien pour leur industrie.

(2) La taille payée par les commerçants et les artisans, pour leur
industrie, correspond à notre contribution des patentes; seulement,
elle était levée sur un nombre énorme d'ouvriers qui aujourd'hui ne
sont pas atteints par cet impôt.

» ÉLECTION DE TROYES

» COMMUNAUTÉ DE COURTERANGES

» M. l'abbé Chauvelin, seigneur.
» M. Watier du Metz, commissaire pour la taille.
» *Nota.* — Cette commune est éloignée de 3 lieues du
» chef-lieu de l'Election.

» Le taux entier ou marc la livre de la propriété et
» de l'exploitation réunies, pour la répartition de la
» taille, est de 2 sols 10 deniers 2/8 pour livre.

» Le taux ou marc la livre des impositions, la capita-
» tion, le quartier d'hiver et autres accessoires, est de
» 25 sols 5 denier pour livre de la taille, savoir : pour
» la capitation, 12 sols 6 deniers pour livre, et pour le
» quartier d'hiver et autres impositions accessoires,
» 12 sols 11 deniers pour livre.

» TAILLE ET IMPOSITIONS DE L'ANNÉE 1769

» TAILLE

» Taille............ 730 l.
» Six deniers pour livre 18 l. 5 s. } 750 livres 5 sols.
» Quatre quittances.. 2 l.

» IMPOSITIONS ACCESSOIRES

» Capitation................... 455 livres.
» Quartier d'hiver............. 455 livres.
» Déduction de 70 livres, tant de
» quartier d'hiver que de capitation, à
» la cote de François Lévêque, garde-
» étalons, suivant l'ordonnance de
» M. l'intendant.

« Total................ 1600 livres 5 s. »

TABLEAU DES DIFFÉRENTES ÉVALUATIONS
SUIVANT LES ÉTATS DÉPOSÉS AU GREFFE DE L'ÉLECTION

Industrie.

PROFESSIONS	PRIX DE LA JOURNÉE	PRODUIT POUR 200 JOURNÉES
Colleron....... Maçon........ Menuisier...... Maréchal......	7 sols.............	70 livres.
Tissier........	6 sols.............	60 livres.
Manouvrier....	5 sols.............	50 livres.

Biens-fonds.

MESURE DES BIENS-FONDS	NATURE DES BIENS-FONDS	ESTIMATION DU REVENU ANNUEL
Mesure du lieu : l'arpent, qui contient 100 cordes	Jardins et Chenevières.	12 livres.
	Terres en propre.....	4 livres.
	Terres à loyer	3 livres 10 s.
	Prés	10 livres.
	Vignes...........	8 livres.
	Bois	»
	Pâtures............	3 livres.

Grains

MESURE DE TROYES.	POIDS	PRIX
Le septier { Froment.	576 livres...........	28 l. 16 s.
Seigle...	512 livres...........	17 l. 4 s. 4 d.
Orge....	448 livres...........	13 l. 4 s. 4 d.
Avoine..	320 livres........ ...	8 l.

« La charrue entière est fixée à 60 arpents de terre en total. »

TABLEAU DU TERRITOIRE DE LA COMMUNAUTÉ

	JARDINS et CHENEVIÈRES	TERRES	PRÉS	VIGNES	PATURES	TOTAL
Privilégié { M. le Curé fait valoir de la cure	25 c.	»	»	»	»	25 c.
Taillables { Les propriétaires font valoir	19 arp. 81 c.	154 arp. 45 c.	20 arp. 52 c.	3 arp. 75 c.	»	198 arp. 93 c.
Les fermiers	11 arp. 35 c.	750 arp. 25 c.	160 arp. 87 c.	»	»	922 arp. 47 c.
Les forains	»	27 arp.	18 arp.	»	20 arpents.	65 arp.
Usages en prés	»	»	7 arp.	»	»	7 arp.
Total général	31 arp. 41 c.	931 arp. 40 c.	206 arp. 39 c.	3 arp. 75 c.	20 arpents.	1192 arp. 95 c.

Les terres incultes, consistent en : néant.

Pour bien comprendre ces tarifs et la manière de les employer, il est indispensable de lire l'instruction suivante qui, due à l'administration de Rouillé d'Orfeuil, le dernier des intendants de Champagne, précéda de onze années cependant l'instruction analogue publiée pour la Généralité de Paris, le 11 août 1776 (1). La plupart des principes contenus dans notre instruction remontent même plus haut que sa date, puisque le tarif de 1747 suppose l'existence préalable de ces principes.

« INSTRUCTION portant règlement pour la confection
» des rôles des tailles, capitation et autres impositions
» accessoires dans la Généralité de Châlons, que le Roi
» veut et entend être exécuté, conformément à ce qui est
» porté par l'article premier de la déclaration de Sa
» Majesté du 13 août 1765.

» ARTICLE PREMIER

» Tous les biens et revenus de chaque communauté,
» ainsi que le commerce et l'industrie de chaque habi-
» tant, seront évalués et portés en produit, conformé-
» ment aux états et procès-verbaux d'estimation déposés
» aux greffes des Élections et aux règles prescrites ci-
» après, et cette évaluation ou montant général du
» revenu des biens de la communauté servira à déter-
» miner le taux de la taille de la paroisse.

» Le taux du fermier ou locataire ne sera que la
» moitié du taux du propriétaire qui fait valoir ou occupe
» par lui-même, à la réserve des terres labourables,
» qui seront exceptées, ainsi qu'il sera dit à l'article IV
» ci-après.

(1) Guyot, *Répertoire*, XVII, 13-16.

» II. — INDUSTRIE.

» Pour faire l'imposition de l'industrie, son produit sera réglé sur le pied de deux cents journées par an, dont le prix sera fixé suivant les différentes vacations ou métiers.

» La taxe de l'industrie suivra le taux de l'exploitation qui sera réglé pour les biens-fonds.

» L'industrie, soit d'artisan ou de manouvrier, sera réduite à deux classes :

» La première classe sera depuis vingt-cinq ans jusqu'à soixante ans ;

» Et la seconde, depuis soixante jusqu'à soixante-dix ans.

» La première classe paiera industrie entière ;

» La seconde moitié seulement.

» Les hommes, les veufs, les garçons, les femmes, les veuves et les filles qui ont atteint l'âge de soixante ans accomplis avant le premier octobre de l'année où l'imposition commencera, seront exempts de l'industrie.

» Il sera fait en faveur des hommes veufs et des garçons un tiers de diminution sur leur cote d'industrie, quoique les hommes veufs aient le secours d'enfants mineurs.

» La cote d'industrie des femmes veuves ou filles ne sera portée qu'au tiers de celle des hommes mariés.

» Le laboureur qui exploitera, tant de propre que de fermage, la quantité de terres nécessaires pour former le labourage d'une charrue, sera exempt d'industrie ; celui qui sera seulement laboureur de trois quarts de charrue paiera un quart d'industrie ; celui de moitié de charrue paiera moitié de l'industrie ; et celui d'un quart de charrue paiera les trois quarts de l'industrie.

« Cette industrie sera celle d'artisan ; et dans les lieux où il y en aura de différentes espèces, elle sera réglée

» sur le prix moyen. Les personnes infirmes qui se trou-
» veront de la première classe seront portées dans la
» seconde; et si elles se trouvent de la seconde, elles
» seront exemptes de la taxe d'industrie; seront aussi
» exemptes de la taxe d'industrie les personnes dont les
» infirmités sont habituelles et qui se trouvent hors
» d'état de travailler.

» Les personnes vivant bourgeoisement, ne faisant
» aucun travail mécanique et n'exerçant aucune profession
» dans la communauté, ne seront point cotisées à l'in-
» dustrie.

» Les meuniers seront exempts de la taxe d'indus-
» trie, lorsque l'exploitation de leurs moulins sera de deux
» cents livres et au-dessus; mais, au-dessous, ils paieront
» une partie de ladite taxe, dans la même proportion.

» Les domestiques actuellement au service ne seront
» point taxés à l'industrie; mais, s'ils sont mariés, et si
» leurs femmes tiennent leur ménage, elles paieront
» l'industrie des veuves.

» Ces domestiques, pour raison de cette imposition,
» ne seront pas réputés imposés personnellement, et
» leurs maîtres privilégiés pourront continuer à se servir
» d'eux pour leurs exploitations.

» Les commis des fermes seront exempts, relative-
» ment au bénéfice et produit de leur emploi seulement,
» quels que soient ces produits ou bénéfices; mais, s'ils
» font quelque commerce ou exercent quelque industrie,
» ils paieront l'industrie pour ces derniers objets.

» Seront pareillement imposés personnellement ceux
» qui avaient été compris dans les rôles avant d'être
» revêtus de leur emploi; et généralement tous ceux
» de condition taillable, lorsqu'ils posséderont des biens-
» fonds, à raison de propriété, quand même ils n'au-
» raient pas été imposés avant d'entrer dans l'emploi, ou
» qu'ils seraient originaires de ville franche; et s'ils font

» valoir leurs biens-fonds, ils paieront en outre la taille
» d'exploitation.

» Les artisans qui auront des compagnons ou appren-
» tis paieront un tiers de l'industrie de la première classe
» de leur profession pour chaque compagnon ou apprenti,
» et les veuves d'artisans qui seront dans le même cas
» paieront seulement, pour chaque compagnon ou
» apprenti, un quart de la taxe d'industrie.

» Les avocats postulants, notaires, procureurs, ser-
» gents et praticiens, et les chirurgiens paieront l'in-
» dustrie sur le pied du produit qu'ils seront censés faire
» dans leurs professions, lequel sera réglé entre les
» habitants et le commissaire, laquelle ne pourra être
» moindre que celle de l'artisan.

» Les maîtres d'école qui n'auront fait aucun traité
» particulier avec la communauté seront seulement
» exempts d'industrie, à moins qu'ils n'exercent quelque
» art ou profession, auquel cas ils seront taxés à l'indus-
» trie à proportion du temps qu'ils seront censés occupés
» auxdites professions.

» Les bergers et pâtres communs seront imposés à
» l'industrie du manouvrier, lorsqu'ils n'auront point de
» traité fait avec la communauté qui les en dispensera.

» III. — COMMERCE.

» L'évaluation du bénéfice que chaque commerçant
» peut faire sera réglé entre les habitants et le commis-
» saire, et le produit paiera le taux de l'exploitation.

» Sous le nom de commerçants seront compris tous
» marchands de quelque espèce qu'ils soient, en gros
» ou en détail, blâtiers, cocassiers, revendeurs, boulan-
» gers, bouchers, chaircuitiers, cabaretiers à enseigne,
» ou à bouchon, ceux qui brûlent des vins et marcs de
» raisins et font des eaux-de-vie, les vinaigriers, tan-

» neurs, drapiers et maîtres fabricants d'étoffes en laine
» à leur compte, et généralement tous ceux qui font
» quelque négoce.

» IV. — BIENS-FONDS.

» Les terres labourables, cheneviéres, vignes, prés et
» autres biens-fonds de chaque paroisse ou communauté
» seront taxés, eu égard à leur revenu, conformément
» aux estimations portées dans les états ou procès-ver-
» baux déposés aux greffes des Élections, à l'exception
» de la propriété des fermes qui sont situées dans d'au-
» tres communautés, qui sera fixée suivant la contenance
» et estimation des biens dans le lieu de la situation.

» Le propriétaire qui fera valoir par lui-même paiera,
» pour les terres en labour seulement, la taxe de l'ex-
» ploitation, et moitié en sus pour celle de propriété ;
» de sorte que si le taux de la paroisse, pour l'exploita-
» tion, se trouve de deux sols pour livre, le propriétaire
» cultivateur paiera trois sols pour livre ; savoir : pour
» l'exploitation, deux sols, et pour la propriété, un sol.

» Quant aux autres biens-fonds, tels que prés, vignes,
» chenevières, maisons, usines et généralement tous
» autres biens que le propriétaire fait valoir lui-même,
» ils continueront de payer le taux entier de la propriété
» et aussi celui entier de l'exploitation ; il sera seulement
» fait, dans l'évaluation des maisons, étangs, moulins et
» usines, déduction d'un quart, à cause des réparations ;
» ainsi, une maison estimée quarante livres de revenu
» ne sera portée en produit que sur le pied de trente
» livres.

» La taxe des admodiateurs généraux, lorsqu'ils ne
» feront rien valoir, sera le taux d'exploitation pris sur
» les deux sols pour livre du montant de leur bail ; et
» lorsqu'ils feront valoir partie de leur admodiation, il
» sera fait distraction du produit des biens qu'ils feront

» valoir; et le montant des deux sous pour livre sera tiré
» jusqu'à concurrence du restant, sur lesquels il paieront
» le taux de l'exploitation.

» Les propriétaires forains ou cultivateurs qui ne
» demeureront point dans la communauté et qui y feront
» valoir des biens en propre y paieront le taux de l'ex-
» ploitation pour raison desdits biens, lorsque le revenu
» sera de cinquante livres et au-dessus; mais au-dessous
» ils seront imposables dans la communauté où ils demeu-
» rent et compris seulement pour *mémoire* dans le lieu où
» lesdits biens sont situés. Seront aussi imposés comme
» forains, les cultivateurs des biens à ferme, pourvu que
» le produit soit de vingt-cinq livres et au-dessus, et qu'à
» l'égard des prés l'exploitation soit d'un arpent et au-
» dessus.

» V. — EXCEPTIONS PARTICULIÈRES.

» Les mineurs qui feront valoir leurs biens, étant
» exempts de la taille pour la propriété desdits biens,
» de même que pour leur industrie et commerce, paieront
» seulement celle d'exploitation, tant à cause des dits
» biens propres qu'à cause des biens qu'ils tiendront à
» ferme.

» Les salpêtriers ne seront imposés pour leur industrie
» et biens propres qu'à cinq livres, en justifiant par eux
» qu'ils ont fourni pendant l'année la quantité de salpê-
» tre prescrite par les règlements, qui ne pourra être au-
» dessous de mille livres.

» VI. — RENTES ACTIVES.

» Toutes les rentes actives, de quelque nature qu'elles
» soient, perpétuelles et viagères, même celles sur l'Hôtel-
» de-Ville de Paris, à l'exception des tontines créées avec

» exemption de la taille, seront assujetties à la taxe de
» propriété simple, sans aucune déduction pour les
» rentes viagères.

» VII. — RENTES PASSIVES.

» Il sera fait déduction des rentes passives à raison du
» taux de la propriété; et cette déduction ne devant
» tomber que sur la propriété, dans le cas où elle excé-
» dera la propriété, elle sera réduite sur le pied de la
» cote.

» VIII. — GRAINS.

» Les rentes et dîmes en grains seront taxées, savoir :
» les dîmes pour l'exploitation, et les rentes pour la
» propriété, conformément aux estimations réglées dans
» les états et procès-verbaux d'évaluations déposés aux
» greffes des Élections.

» IX. — BESTIAUX.

» Les habitants qui ont des bestiaux, soit qu'ils leur
» appartiennent ou qu'ils les tiennent à loyer ou cheptel,
» ne seront plus imposés pour raison desdits bestiaux.

» X. — CAPITATION ET QUARTIER D'HIVER.

» La répartition de la capitation et du quartier d'hi-
» ver sera faite au marc la livre de la taille.
» Les mineurs qui ont des biens-fonds doivent la capi-
» tation au marc la livre de la taille de propriété, lors-
» qu'ils les donnent à loyer, et de celle de propriété et
» d'exploitation, lorsqu'ils les font valoir.
» A l'égard du quartier d'hiver, ils doivent en suppor-

» ter leur part au marc la livre de la taille d'exploitation
» seulement.

» *Nota.* — On observe que, pour simplifier les opéra-
» tions, on ne portera dans la colonne du produit des
» biens donnés ou tenus à ferme le bénéfice du commerce
» et l'estimation de l'industrie que pour moitié, parce
» que les fermes, commerce et industrie ne doivent payer
» que moitié du taux des biens exploités par les pro-
» priétaires.

» Fait et arrêté en Conseil d'État du Roi, Sa Majesté
» y étant, tenu à Compiègne le treizième jour d'août mil
» sept cent soixante-cinq. *Signé* Louis. Et plus bas,
» Bertin. »

Une fois le tarif établi, le commissaire dressait l'état des contribuables et des valeurs imposables appartenant à chacun d'eux. Ce travail s'opérait au moyen de la matrice de rôle. La matrice de rôle consistait pour chaque communauté en une liasse composée d'autant de feuilles qu'il y avait de contribuables. Quand un contribuable disparaissait, par mort ou par changement de domicile, sa feuille était supprimée. C'était sur la matrice de rôle que s'effectuaient les mutations. Chaque valeur nouvelle sujette à l'impôt, acquise par un contribuable donnait lieu à une inscription nouvelle sur sa feuille; chaque disparution de valeur imposable par aliénation, cessation de commerce ou de travail, donnait lieu à une radiation.

Nous avons encore la plupart des matrices de rôle de l'Élection de Bar-sur-Aube. Dans l'état où nous les possédons, elles donnent les bases arrêtées à la fin de l'année 1789 pour les impositions à lever en 1790; mais quelques-unes des feuilles qu'elles contiennent ont servi pour la première fois à l'assiette de la taille de 1764, et sous les ratures multipliées qui les couvrent, on aperçoit, à la suite du nom du contribuable, les évaluations de revenu écrites en 1763 pour fixer le montant des impositions payables l'année suivante.

Le commissaire d'une communauté devait se rendre tous les ans au chef-lieu de la paroisse à un jour déterminé d'avance, et y recevoir les déclarations des habitants ; c'étaient ces déclarations qui servaient de point de départ à son travail.

Au préalable, une ordonnance de l'intendant notifiait aux habitants la nomination du commissaire des tailles et leur faisait connaître leurs obligations envers cet agent. Voici une de ces ordonnances :

DE PAR LE ROI,

Henry-Louis de Barberie de Saint-Contest, chevalier, seigneur de La Chataigneraye, Menoublet, Malnoyer, Montchauvel, La Boutonnière, La Montagne et autres lieux, conseiller du Roi en ses Conseils, maître des requêtes ordinaire de son Hôtel, intendant de justice, police et finance en la province et frontière de Champagne,

Nous ordonnons aux syndics, collecteurs et habitants des communautés des Monts, Magnicourt, Précy-Notre-Dame et Précy-Saint-Martin, de donner à la première réquisition au sieur de La Huproye, que nous avons commis pour la répartition de la taille desdites communautés pour l'année prochaine 1763, les instructions et enseignements dont il aura besoin pour procéder à la confection des rôles, et de lui représenter les originaux ou des expéditions des baux et rôles détaillés, pièce par pièce, des biens qu'ils donnent ou tiennent à ferme, et de justifier par pièces en bonne forme de leurs rentes actives et passives ; le tout à peine contre les refusants d'être contraints au paiement du double de leurs cotes, lequel doublement ne pourra néanmoins être exécuté par provision que jusqu'à concurrence de la somme de 20 livres.

Fait à Paris, le 25 septembre 1762.

Signé DE BARBERIE. — Par Monseigneur : *signé* FRADET.

Le commissaire nommé annonçait sa visite aux habitants par une missive dont nous donnerons un spécimen.

DE PAR LE ROI,

Il est ordonné aux habitants de la paroisse de La Borde-d'Isles de se trouver à l'assemblée que nous tiendrons par ordre de Monseigneur l'intendant, en notre qualité de commissaire des tailles dudit lieu, le vingt-deuxième jour du mois de septembre 1754, avant vespres ou environ, à Isles, pour recevoir leurs déclarations sur les mutations survenues dans leurs biens, facultés, exploitations, commerce, industrie, bestiaux et autres objets mentionnés dans leur cote au rôle des tailles dudit lieu de l'année précédente. Enjoignons au syndic de leur notifier le présent ordre, à l'effet de quoi convoquera une assemblée desdits habitants, de pot-en-pot et au son de la cloche, à la manière accoutumée, dans laquelle il leur en fera lecture, à ce qu'ils n'en prétendent cause d'ignorance, et qu'ils soient sans excuse ; lui ordonnons d'obéir sous telle peine qu'il appartiendra.

Fait à Troyes, ce 20 septembre 1754.

Signé BOURGOIN.

Le syndic nous remettra le présente ordonnance à notre arrivée en la paroisse, sous les peines de droit.

Une fois les déclarations des contribuables reçues et les mutations faites sur la matrice, le commissaire dressait une minute de rôle dont voici un exemple :

TAILLE DE 1776 — COMMUNAUTÉ DE LUYÈRES

HABITANTS CONTRIBUABLES	REVENUS	TAILLE	CAPITATION
N° 1er. Alexis Guillorey, laboureur de 5/8es de charrue, 32 ans, sa femme 29 ans, coté à 14 livres 6 sols [de taille et capitation].			
Industrie : 26 livres 5 sols................	13 liv. 12 sols 6 d.	»	»
Tient : de Nicolas Cornu pour 12 livres portion de maison, 12 livres, [réduites à] 9 livres........	4 liv. 10 sols.	»	»
De Jean Dasne, du Mesnil-Sellières, pour 50 livres. 36 arpents terres, [évalués] 45 livres [de revenu]................	22 liv. 10 sols.	»	»
De M. le Prieur du lieu, à moitié, 9 arpents terres, 11 livres 5 sols................	5 liv. 12 sols 6 d.	»	»
Total................	46 liv. 13 sols 6 d.	6 livres 5 s.	8 livres 1 s.

Dans ce document, comme dans les documents analogues, le revenu imposable (col. 1) est de beaucoup inférieur au revenu réel (col. 2). La réduction dont les contribuables semblaient profiter était faite pour chacun dans la même proportion : par conséquent la part que chacun d'eux supportait dans l'imposition totale était la même que si la totalité de son revenu eût figuré dans la colonne des revenus imposables. Aujourd'hui encore les revenus cadastraux sont inférieurs au revenu réel. Le contribuable qui, en matière d'impôts de répartition, obtient des réductions de cette espèce et en est satisfait, ne fait subir à l'État aucun préjudice et l'administration d'aujourd'hui marche sur les traces de l'ancienne en lui accordant ce plaisir innocent.

Le rôle servant au recouvrement n'était qu'un abrégé de la minute qui précède et contenait seulement l'indication des sommes à percevoir. Comme exemple, nous allons donner un extrait du rôle de la même communauté pour l'année 1775 :

Alexis Guillorey, laboureur, douze livres treize sols

Taille	Capitation et autres impositions	Total
5 livres 13 sols.	7 livres.	12 livres 13 sols.

Le recouvrement des rôles s'opérait par le ministère des collecteurs, qui ne faisaient pas usage de registre à souche et qui constataient chaque versement par un point ou un trait en marge du nom de chaque contribuable. Il y avait par an quatre versements règlementaires au lieu de douze qui sont aujourd'hui prescrits (1). Mais l'exac-

---

(1) Guyot, *Répertoire*, XVII, 18.

titude était loin d'être la loi des contribuables, et c'était aux collecteurs des tailles qu'en cas de retard s'adressait le receveur de l'Election ; c'était contre eux que ce receveur exerçait des poursuites sans s'inquiéter de savoir du fait de qui provenait ce retard, si la faute en était aux contribuables ou aux collecteurs (1). Quand le contribuable ne payait pas, le collecteur devait avancer les fonds de ses propres deniers, autrement il était contraignable par corps (2), sauf à lui à se faire rembourser de ses avances et autres frais au moyen d'une imposition spéciale sur les habitants (3). Enfin, ce qui semblera exorbitant c'est que, dans le cas où ces moyens de rigueur employés contre le collecteur étaient insuffisants, le receveur des tailles avait le droit d'exercer la contrainte par corps contre les habitants les plus riches de la paroisse qui, après avoir payé leur quotepart de l'imposition, pouvaient être ainsi forcés à faire l'avance de l'imposition des autres contribuables, lorsqu'il y avait retard de la part de ceux-ci. Cette solidarité subsista jusqu'à la déclaration du 3 janvier 1775 (4).

(1) Archives de l'Aube, C. 1261, 1271.
(2) Archives de l'Aube, C. 1268.
(3) Archives de l'Aube, C. 1268. 1276.
(4) Isambert, XII, 127-130 ; Guyot, *Répertoire*, III, 659.

CHAPITRE III.

VINGTIÈMES.

Ce qui distingue principalement les vingtièmes de la taille et de la capitation, c'est que la noblesse, les magistrats et les autres fonctionnaires privilégiés payaient les vingtièmes sur les mêmes bases et d'après les mêmes rôles que les roturiers, tandis qu'ils étaient imposés à la capitation sur des rôles spéciaux et en exécution d'un tarif spécial, et que s'ils contribuaient à l'acquittement de la taille, ce n'était qu'indirectement et incomplètement, puisqu'ils ne devaient rien comme propriétaires et que leurs fermiers n'étaient imposés que pour moitié de ce qu'auraient payé des propriétaires roturiers (1). L'établissement de la capitation en 1695 et l'obligation faite à la noblesse d'en payer une part avaient été le premier pas de l'administration monarchique vers l'égalité des impôts ; le second fut la création du dixième, qui com-

(1) Voir le règlement de 1763, reproduit plus haut. Une chose est à remarquer : les nobles ne pouvaient faire valoir en franchise d'impôt avec plus de quatre charrues, les autres privilégiés étaient moins favorisés ; Guyot, *Répertoire*, XVII, 20-21.

mença à être levé sur tous les Français, nobles et roturiers, en 1710. Le dixième, supprimé en 1717, rétabli en 1733, supprimé de nouveau en 1737, rétabli encore une fois en 1741, fut définitivement, en 1750 et en vertu de l'édit de mai 1749, remplacé par le vingtième auquel des ordonnances postérieures ajoutèrent un second et un troisième vingtième et concurremment avec lequel on continuait la perception de 2 sols pour livre du dixième (1). La création de la capitation, du dixième et des vingtièmes sont l'œuvre des rois Louis XIV et Louis XV et un des grands progrès accomplis sous leur règne. L'accroissement progressif de cet impôt qui ne connaissait pas de distinction de naissance aurait pu entre les mains d'un prince intelligent donner à la France en matière d'impôt la suppression des privilèges, l'égalité proportionnelle qu'exigeait l'état de la société et qu'une secousse violente dut lui apporter. Louis XVI, après avoir rétabli en 1782 le 3ᵉ vingtième déjà perçu sous Louis XV de 1760 à 1764, cessa de le faire lever à partir du 1ᵉʳ janvier 1788, et au même moment la contribution représentative de la corvée, perçue proportionnellement à la taille, vint à la veille de la Révolution aggraver des inégalités traditionnelles autrefois motivées mais dont alors le développement historique de la France commandait la suppression. Ce n'est là qu'un exemple des mesures impolitiques par lesquelles un prince aussi honnête qu'incapable, reculant dans la voie du progrès suivie depuis huit siècles par ses

---

(1) Guyot, *Répertoire*, XVII, 549 et suivantes ; Isambert, XXII, 223, 268, 540, XXVII, 206 ; Bailly, *Histoire financière de la France*, II, p. 31, 34, 121, 132, 136, 246 ; R. Dareste, *La Justice administrative en France*, p. 120 ; C. Dareste, *Histoire de l'Administration*, 74-75 ; Chéruel, *Dictionnaire historique des institutions de la France*, t. II, p. 287.

prédécesseurs, rendit presque inévitables et la chute de son trône et les excès sans nombre dont elle fut précédée et suivie.

Quand le gouvernement français du XVIIIᵉ siècle établit le dixième, puis le vingtième, il n'avait pas, comme en matière de taille, à compter avec d'anciens usages ni avec des droits établis. Les Elections et les Bureaux des finances restèrent étrangers et à l'administration de ces impôts et au jugement des contestations qui surgirent à leur occasion. Les intendants en furent seuls chargés. Les rôles des vingtièmes furent dressés par des *contrôleurs* placés sous l'autorité du *directeur des vingtièmes* de la Généralité qui était lui-même subordonné à l'intendant. La perception se fit par des *préposés* nommés par l'intendant : il y avait un préposé dans chaque communauté. Les réclamations étaient jugées par l'intendant, sur l'avis du directeur des vingtièmes.

Les rôles se dressaient sans matrice de rôle. Ils avaient pour première base tant les rôles précédents que les déclarations fournies par les contribuables. Il existe dans nos archives un nombre considérable de ces déclarations; on sait qu'aux termes de l'article 14 de l'édit de mai 1749, l'auteur d'une fausse déclaration devait payer le quadruple du vingtième de ses revenus. On vérifiait l'exactitude des déclarations au moyen des baux, pour les propriétés louées; et quant aux propriétés non louées, on arrivait au même résultat par une étude comparative, faite sur place, de la valeur des biens-fonds de chaque communauté. Cette opération était confiée à un contrôleur et donnait pour résultat l'établissement d'une sorte de cadastre rudimentaire. Comme exemple, nous allons prendre le procès-verbal de vérification générale dressé en 1779, par le contrôleur Delatour, pour la paroisse de Couvignon, en exécution de l'arrêt du Conseil du 2 novembre 1777 (1).

Le contrôleur, arrivant dans cette paroisse, s'est adressé à Jean Vanneau, syndic actuel, qui a convoqué l'assemblée des habitants à qui il a communiqué ses ordres, en vertu desquels ont comparu les sieurs Nicolas Baudin, Jean Vouriot, Jean-Louis Arnoult, Jean Baupoil, Edme Martin, anciens et notables habitants qui ont été choisis pour accompagner le contrôleur avec ledit syndic, [avec] Charles Vouriot, préposé au recouvrement des vingtièmes, et Edme Falmet, collecteur de la taille, dans la visite qu'il convenait faire du territoire ou finage de leur communauté, à l'effet non-seulement d'indiquer le nom des cantons qui en dépendent, mais encore de constater les différentes qualités de toutes les espèces de fonds dont chaque canton est composé, à laquelle visite il a été procédé ainsi qu'il sera indiqué par l'état ci-après, savoir :

ÉTAT DES CANTONNEMENTS

TERRES LABOURABLES

Suivant l'état des cantonnements qui a été formé avec les habitants, cette paroisse serait composée des biens-fonds ci-après, savoir :

1re *classe*

5 contrées
- En la contrée dite Franchot, la quantité de .... 12 arpents
- Dans celle de Lebvaux....... 20 —
- Dans celle de Longrois ...... 15 —
- Dans celle de Varennes...... 5 —
- Dans celle des Grands-Vaux... 25 —

[Total] *à reporter*... 77 arpents

(1) Archives de l'Aube, C. 512; voir Guyot, *Répertoire*, XVII, 553, Isambert, XXV, 146.

VINGTIÈMES

     Report.....   77 arpents

    2ᵉ *classe*

5 contrées   ....
     Total.........   64 —

    3ᵉ *classe*

6 contrées   ....
     Total.........   127 —

  ....
  Total [général des terres labourables].   268 arpents

    PRÉS

    1ʳᵉ *classe*

3 contrées { Dans la contrée de Baux-Vinchat   20 fauchées
    Dans celle de Guette-Véron...   12 —
    Dans celle du Pré-Cuisset....   6 —

    [Total].........   38 fauchées

    2ᵉ *classe*

3 contrées   ....
     Total.........   33 —

   Total général des prés...   71 fauchées

    VIGNES

    1ʳᵉ *classe*

5 contrées   ....   420 hommes

    2ᵉ *classe*

10 contrées   ....   850 —

    Total........   1270 hommes

CHAPITRE TROISIÈME

BOIS

Un seul degré
- Dans la contrée du Pinneux... 225 arpents
- Le côté des Bergères........ 225 —
- La Réserve............... 150 —

Total......... 600 arpents

CHENEVIÈRES

....

BROUSSAILLES, TERRES VAGUES ET FRICHES

....

Suivent quelques observations générales sur les diverses cultures usitées dans le territoire de Couvignon et sur leur importance relative et leur produit ; vient ensuite l'estimation raisonnée du revenu, classe par classe, de chaque nature de biens-fonds. Comme exemple, nous allons donner l'estimation du revenu des prés.

Les prés dépendant du territoire de cette paroisse, et dont la désignation a été ci-dessous faite, ont été divisés en deux classes. Ils produisent annuellement, savoir :

1re classe

La fauchée des prés de la première classe, composée de 75 cordes ou de 3/4 d'arpent, produit annuellement la quantité de 1,500 [livres] de foin qui, estimées sur le pied de 12 livres le millier, annonce pour ce degré un produit de... 18 livres.

Les frais à déduire consistent en ce qui suit, savoir :

- Frais de fauchage............... 1 liv. 10 sols
- Le fannage, le charroi, entasser et arranger la récolte à la grange ou ailleurs....................... 1 liv. 10 sols

} 3 livres.

Partant reste de produit net............... 15 livres.

VINGTIÈMES

2° classe

La fauchée des prés de la seconde classe produit annuellement 1,000 livres de foin évaluées comme ci-dessus, ce qui annonce pour ce degré un produit de.......... 12 livres.
Les frais à déduire ne sont que de 2 livres, ci... 2 livres.

Reste net .... 10 livres.

Le travail relatif aux maisons nous paraît assez curieux pour mériter d'être aussi reproduit.

. Presque toutes les maisons de cette paroisse sont occupées par les propriétaires eux-mêmes et n'ont que peu d'étendue et d'aisance, car, outre qu'elles sont très-près les unes des autres, la majeure partie ne sont composées que d'une ou deux petites chambres (y compris la chambre à four), une cave ou cellier, quelques écuries pour des bestiaux avec une petite grange ou hallage, la plupart couvertes en paille, occupées par des vignerons et manouvriers, le tout le plus souvent dans le plus mauvais état. Le prix de leur location, duquel on est parti pour leur attribuer un revenu, en est une preuve plus convaincante encore. Voici, d'après les baux, ce qui en est résulté, savoir :

Pour chaque chambre occupée par le propriétaire. 6 livres
Pour chaque écurie, bergerie ou étable... ..... 4 —
Pour la cave ou cellier .... 5 —
Pour le hallier, hallage ou grange .... 4 —

Le sieur Masson, garde du corps, donne à loyer à Pierre Arnoult, par bail sous seing privé et suivant sa déclaration, moyennant 30 livres, une maison consistant dans les objets ci-après, savoir :

3 chambres à feu............ 18 livres
1 cave .... 5 —
1 grange................... 4 —   34 livres.
1 écurie................... 4 —
1 boisseau de chenevière .. .. 3 —

Partant, les estimations n'excèdent le prix du bail que de 4 livres.

Edme Odochon donne à loyer à Jean Martin, le jeune, par bail sous seing privé, suivant sa déclaration, [moyennant la somme de 15 livres], les objets ci-après, savoir :

1 chambre à feu............	6 livres	
1 petite cave...............	2 —	17 livres
1 grange...................	4 —	10 sols.
1 écurie...................	4 —	
1/2 boisseau de jardin.......	1 liv. 10 sols	

Partant, les estimations excèdent le prix du bail de 2 livres 10 sols.

Tout ce travail se résume ainsi :

Le total général du revenu des biens de cette paroisse, y compris celui des bâtiments et fruitiers [déduction faite des biens du clergé, exempt moyennant un don gratuit] est de 6,020 livres..

Le premier vingtième est de.....	301 l. 6 d.	
Les deux sols pour livre du dixième	60 l. 4 s.	361 l. 4 s. 6 d.
Le second vingtième....	301	6 d.

Le total général des vingtièmes, et 2 sols pour livre du dixième suivant le rôle de 1779 n'est que de 525 livres 14 sols 6 deniers ; partant l'augmentation résultant de la vérification est de 136 liv. 10 sols.

Ce procès-verbal de vérification que nos extraits ont suffisamment fait connaître, servait de base pour l'établissement de la minute de rôle. Voici le premier article de la minute du rôle des vingtièmes de la communauté de Chevillèles pour l'année 1787.

NOMS, SURNOMS, QUALITÉS ET DEMEURES des propriétaires et usufruitiers ensemble la nature des biens-fonds qu'ils possèdent	TOTAL des revenus annuels	OBSERVATIONS
1er M. TRUELLE, seigneur La terre et seigneurie dont il fait valoir : Le château, *mémoire* : ne l'habitant pas toute l'année ; 4 arpents de jardin : 11 arpents et demi, terre ; 2 arpents 12 cordes, pré ; 1 arpent et demi, vigne ; 1 coupe de saules ; droits seigneuriaux. Loué en détail : 2 maisons ; 6 arpents 80 cordes, clos ; 161 arpents, terre ; 8 arpents 27 cordes de pré ; 3 arpents et demi en labour. Ci estimé comme en 1786..............	944 livres [Impôt] : 103 liv. 10 sols 3 deniers	Il en tire bien 1,180 livres.....

Le rôle contenait pour toute chose les noms des contribles et le montant de l'impôt de chacun. Tel était finalement le résultat auquel aboutissait le travail du contrôleur des vingtièmes.

Mais il paraît que dans les premiers temps qui ont suivi l'établissement des vingtièmes, le personnel des contrôleurs était en Champagne fort insuffisant. Tandis qu'en Bourgogne on renouvelait les rôles tous les ans, le même rôle, en Champagne, servait plusieurs années de suite en dépit des changements qui se produisaient dans le personnel des contribuables. La pièce suivante, qui contient les doléances d'un préposé des vingtièmes à ce sujet et au sujet des autres inconvénients inhérents à sa charge, et qui a été adressée par le subdélégué de Troyes à l'intendant de Champagne, nous paraît mériter de terminer ce chapitre :

A Troyes, le 30 juillet 1760.

Monseigneur,

Le nommé Lupien Noble, laboureur, demeurant à Montgueux, se plaint dans sa requête de ce qu'il a été forcé différentes fois, et notamment par votre dernière ordonnance, de faire le recouvrement du rôle du vingtième de cette paroisse, ce qui lui fait perdre tout son temps, et il demande que ceux qui sont compris sur ce rôle soient tenus de payer dans un endroit appelé la Loge-de-Saint-Pierre, où l'on paie la dîme abonnée, et qu'il vous plaise d'envoyer dans cette paroisse un contrôleur pour réformer les erreurs qui sont dans le rôle, y ayant une infinité de personnes inconnues.

Les plaintes de ce particulier sont bien fondées au sujet de la levée de ce rôle dont il a été forcé de se charger. Il n'y en a point de plus difficile dans cette Élection. La paroisse de Montgueux n'est éloignée de Troyes que d'une lieue et demie. C'est un village considérable, qui appartient presque en entier à des bourgeois et surtout à des artisans de la ville, dont les articles, soit par mariage ou par mort, se subdivisent encore et se multiplient de telle façon que le préposé ne connait plus les propriétaires, et vous pouvez compter, Monseigneur, qu'un préposé de Montgueux est forcé de passer quatre mois de l'année à Troyes, attendu qu'ayant affaire à un très-grand nombre d'artisants dont les cotes sont de 10, 12 et 15 sols, il est obligé d'aller quatre fois l'année pour recevoir à chaque quartier, les redevables ne voulant pas payer autrement, et encore ne trouve-t-il pas toujours son argent prêt, ou ces petites gens sont délogés et il faut les aller chercher ailleurs. C'est ce détail et cette perte de temps bien considérable pour un laboureur, qui m'avaient déterminé de proposer à M. Doé de prendre un autre habitant solvable, comme il y en a dans cette paroisse, pour l'en charger à son tour. Et cela paraissait juste ; mais puisqu'il s'en est chargé pour cette année, il y aurait du moins de la charité à lui accorder, pour lui et pour ses chevaux, une exemption de corvée, et si vous le trouvez bon, j'aurai l'honneur de vous marquer au département prochain la cote de cet homme pour qu'il soit modéré. Au surplus, quelque grâce que vous lui accordiez, elle sera toujours inférieure à la perte que lui occasionne la levée de ce rôle.

A l'égard de la proposition qu'il fait de saisir les vignes et de contraindre les redevables à payer à la Loge-de-Saint-Pierre, je ne pense pas que cela puisse avoir lieu et Noble s'en désiste.

Il demande aussi un contrôleur pour réformer le rôle. Il n'y a rien de plus juste que cette demande, y ayant des gens dont les noms sont portés dans le rôle et qui depuis quinze ans et plus ne jouissent point d'aucun héritage sur le territoire de Montgueux.

Je suis avec respect, Monseigneur, votre très-humble et très-obéissant serviteur.

Signé : Paillot.

CHAPITRE IV

DOMAINE ET DROITS JOINTS

L'action des intendants était beaucoup moindre en matière de droit domaniaux qu'en matière de taille, de capitation et de vingtièmes, c'est-à-dire de contributions directes. Tandis que le recouvrement des contributions directes se faisait comme aujourd'hui pour le compte de l'État et que l'État seul avait intérêt à la réalisation de ce recouvrement, les droits domaniaux, étaient, comme les aides, perçus pour le compte des fermiers généraux (1).

(1) L'usage d'affermer une partie des revenus royaux existait dès le commencement du xiii° siècle. (Brussel, *Nouvel examen de l'usage général des fiefs*, liv. II, chap. XXXIII, p. 421 et suivantes. Mais, dans l'origine, les baux étaient en grand nombre et s'appliquaient chacun aux revenus produits par une circonscription peu étendue, par exemple une prévôté. Le premier bail général des Gabelles remonte à l'année 1578. (Bailly, *Histoire financière de la France*, I, 274-275. Dareste, *Histoire de l'Administration*, II, 100.) Sur les fermes générales, voir C. 1008. On peut lire dans Guyot, *Répertoire*, VII, 340-341, la liste des baux des fermes générales pendant un siècle, à partir de 1680. De 1720 à 1726, la ferme générale fut remplacée par une régie. En 1780, l'arrêt du Conseil du 9 janvier, laissant subsister la ferme générale, l'amoindrit notablement en lui enlevant des recettes importantes qu'elle confia à deux régies, savoir : la *régie géné-*

Les inspecteurs et les commissaires des tailles, les directeurs et les contrôleurs des vingtièmes étaient alors agents de l'administration, comme aujourd'hui les directeurs, les inspecteurs, les contrôleurs des contribution directes. Mais les employés chargés du recouvrement des droits domaniaux comme des aides étaient commissionnés par les fermiers généraux et seulement agréés par l'administration qui les nomme aujourd'hui.

On aurait cependant tort de croire qu'il y eut une différence énorme entre l'organisation du personnel chargé du recouvrement des droits domaniaux au xviiie siècle, et l'organisation du personnel qui a aujourd'hui la même mission, c'est-à-dire de l'administration de l'enregistrement.

Ce qu'on appelle enregistrement se disait autrefois *insinuation* et *contrôle*.

L'*insinuation* est ce que les jurisconsultes appellent aujourd'hui la *transcription*, c'est-à-dire la copie intégrale soit d'un acte, soit au moins de certaines clauses d'un acte dont le législateur exige la publicité dans l'intérêt des tiers. Elle a été établie en France en 1539 par l'art. 132 de l'ordonnance de Villers-Cotteret (1), dont les dispositions furent maintenues ou développées par la déclaration de février 1549 (2), par l'édit de mai 1553 (3), par les déclarations du 16 avril 1554 (4), de mai 1554 (5),

---

rale chargée des droits d'exercice, notamment des *droits réunis*, et *l'administration générale des domaines et droits domaniaux*. (Guyot, *Répertoire*, VII, 333 ; Isambert, XXVI, 242.)

(1) Isambert, XII, 627 ; voir Guyot, *Répertoire*, IX, 275.
(2) Guyot, *Répertoire*, IX, 275.
(3) Isambert, XIII, 314-321 ; voir Guyot, *Répertoire*, IX, 275.
(4) Mentionnée par Isambert, XIII, 373.
(5) Mentionnée par Isambert, XIII, 388.

et du 20 novembre de la même année (1), par les articles 57 et 58 de l'ordonnance de Moulins (2), par l'article 14 de la déclaration du 10 juillet 1566 (3), par la déclaration du 17 décembre 1612 (4), par l'édit de mai 1645 (5), par déclaration du 17 novembre 1690 (6), et par divers monuments législatifs du siècle suivant, dont les plus importants sont les édits de décembre 1703 (7) et de février 1731 (8). Aux termes de l'ordonnance de Villers-Cotteret, les greffiers des juridictions royales étaient chargés de la tenue des registres des insinuations. L'édit de mai 1553 leur enleva ce travail et le confia à des greffiers spéciaux que supprima en janvier 1560 l'art. 86 de l'ordonnance d'Orléans (9). Louis XIV rétablit ces fonctionnaires et, par un de ces expédients financiers si fréquents sous son règne, mit leurs charges en vente (10). Mais bientôt ces charges disparurent de nouveau : comme l'insinuation donnait lieu à la perception de divers droits tels que le *droit de centième denier* (11), on trouva que

---

(1) Mentionnée par Isambert, XIII, 411.
(2) Février 1566, Isambert, XIV, 204-205 ; voir Guyot, *Répertoire*, IX, 275-276.
(3) Isambert, XIV, 216 ; Guyot, *Répertoire*, IX, 276.
(4) Mentionnée par Isambert, XVI, 39 ; Guyot, *Répertoire*, IX, 276.
(5) Mentionné par Isambert, XVII, 51-52 ; Guyot, *Répertoire*, IX, 276.
(6) Isambert, XX, 113-114 ; Guyot, *Répertoire*, IX, 276.
(7) Isambert, XX, 438 ; Guyot, *Répertoire*, IX, 276-277 ; voir aussi la déclaration interprétative du 19 juillet 1704, dans Isambert, XX, 447-452.
(8) Isambert, XXI, 343-354 ; voir Guyot, *Répertoire*, VI, 286 et pages suivantes.
(9) Isambert, XIV, 86.
(10) Préambule de l'édit de décembre 1703, Isambert, XX, 438.
(11) Sur le droit de centième denier, voir Guyot, *Répertoire*, VI, 406 ; sur le tarif des autres droits auxquels l'insinuation donnait lieu, voir le même ouvrage, t. IX, p. 279-281, note.

dans l'intérêt du trésor il était plus à propos de comprendre ces droits dans la ferme des droits domaniaux et des aides, et leur perception fut confiée aux agents auxquels le *contrôle* des actes était attribué par les fermiers généraux.

Le *contrôle* des actes est ce que nous appelons dans un sens étroit l'*enregistrement*. Il a pour objet de donner une date certaine aux actes auxquels il s'applique. Il a été établi par l'édit de juin 1581, qui crée un *contrerolleur des titres* dans chaque siége royal de justice (1). Nous n'entrerons pas dans le détail des créations et suppressions d'offices auxquelles l'existence de cet emploi donna lieu au XVII° siècle et dans les premières années du XVIII° (2). Les actes notariés étaient originairement seuls sujets au contrôle. L'édit d'août 1669 y assujettit les exploits d'huissier et prescrivit l'établissement de contrôleurs des exploits (3) ; l'arrêt du Conseil du 21 mars 1676 et la déclaration du 23 février 1677 règlementèrent cette institution nouvelle (4). La liasse C. 1032 des archives de l'Aube contient une commission de contrôleur des exploits au bureau de Maraye (Aube), datée de 1719. Cette pièce attribue au commis une remise de 18 deniers pour livre ou 7,50 pour 100 ; elle émane du directeur général des domaines du Roi et droits y réunis dans la Généralité de Châlons, car un édit de mars 1714 (5) avait réuni

---

(1) Isambert, XIV, 193-199 ; Guyot, *Répertoire*, IV, 662.
(2) Edits de juin 1627 (Guyot, *Répertoire*, IV, 662), décembre 1638 (*ibid.*), mars 1693 (Isambert, XX, 174-175), septembre 1704 (*ibid.*, 455.)
(3) Isambert, IX, 384-386.
(4) Cet arrêt du Conseil et cette déclaration se trouvent dans la liasse C. 1032 ; la déclaration est mentionnée par Isambert, XIX, 174.
(5) Mentionné par Isambert, XX, 617.

au domaine les droits de contrôle. Bientôt les fermiers généraux cessèrent de confier le contrôle des exploits à des agents distincts de ceux qui étaient chargés du contrôle des actes de notaires ; ils mirent également les registres des insinuations entre les mains de ces agents, et en 1723 nous voyons Edouard Legras, élu en l'Élection de Troyes, suppléant le subdélégué Paillot alors absent, installer un commis contrôleur des actes des notaires, insinuations, petits sceaux (1), contrôle des exploits de la ville de Troyes (2).

Dès lors l'administration de l'enregistrement se trouva constituée d'une manière presques identique à celle suivant laquelle elle est organisée aujourd'hui. Placée sous la surveillance des intendants qui étaient juges de la plupart des constestations auxquelles la perception des droits donnait lieu (3), elle avait un personnel composé avec beaucoup plus de soin qu'on ne pourrait le croire, quand on songe à l'arbitraire qui présidait alors aux choix de la plupart des agents de l'autorité. Mais l'intérêt bien entendu des fermiers généraux était de ne confier la gestion de leurs affaires qu'à des employés assez intelli-

---

(1) On appelait droit de petit sceau l'impôt qui se payait pour droit de sceau des actes des notaires et des jugements. Le droit de petit sceau appartenait d'abord aux gardes-scel établis près des différentes juridictions. Ces fonctionnaires, qui remontent au xiv° siècle (Ducange, *Glossaire*, au mot *Custos*) furent à diverses reprises supprimés et rétablis jusqu'à l'édit de décembre 1713 qui les supprima définitivement et réunit les droits au Domaine. Guyot, *Répertoire*, XVI, 137, Voir *ibid.*, 157-159, le tarif des droits de petit sceau.

(2) Archives de l'Aube, C. 1032. La réunion de ces différents services dans les mêmes bureaux est prescrite par l'art. 5 de l'arrêt du Conseil du 11 août 1725 publié par La Poix de Fréminville, *Traité général du gouvernement des affaires des communautés d'habitants*, p. 286.

(3) Dareste, *La Justice administrative*, p. 126.

gents et assez expérimentés pour éviter avec un égal soin non-seulement les perceptions insuffisantes, mais aussi les perceptions exagérées qui, provoquant les réclamations des contribuables, pouvaient amener des procès onéreux à la compagnie. De là le règlement suivant, conservé dans la liasse C. 1032 des Archives de l'Aube et qui nous semble mériter d'être lu :

Délibération du 28 juillet 1774.

La Compagnie, considérant combien il est important, pour le bien du service et l'intérêt du public, de ne confier les emplois de la partie du Domaine et droits y joints, qu'à des sujets capables d'en bien remplir toutes les fonctions, et voulant, d'ailleurs, conformément à la delibération qu'elle a déjà prise le 6 mai dernier, pour la partie des traites, exciter de plus en plus l'émulation des employés, en établissant des règles invariables d'après lesquelles ils puissent, sans le secours des protections, parvenir successivement aux différents grades que leur auront mérité leur intelligence et l'utilité de leurs services, elle a arrêté ce qui suit :

ARTICLE PREMIER.

Les sujets qui se présenteront pour être surnuméraires dans les bureaux du contrôle des actes et droits y joints ne seront point admis qu'ils n'aient atteint l'âge de vingt ans, dont il sera justifié par le rapport de leur extrait de baptême, et qu'ils n'aient travaillé au moins deux ans chez les notaires et les procureurs dont il sera aussi justifié par les attestations de ces officiers et du contrôleur des actes de la résidence desdits officiers.

II.

Aucun d'eux ne pourra être reçu pour faire son surnumérariat, dans le bureau du lieu où sa famille sera domiciliée.

III.

Les ordres de surnumérariat ne seront accordés que pour les bureaux de chefs-lieux.

IV.

Les surnuméraires ne seront placés qu'après avoir travaillé dans un ou plusieurs bureaux, et y avoir acquis les connaissances nécessaires pour en exercer d'autres à la satisfaction de la Compagnie et à celle du public.

V.

Le premier bureau qui sera accordé à un surnuméraire ne pourra excéder 500 livres de remise par an.

VI.

Tous les bureaux dans lesquels on pourra placer des surnuméraires, ne pourront être accordés à aucuns notaires, procureurs, greffiers ou autres officiers, ni à aucune autre personne domiciliée dans les lieux où seront établis lesdits bureaux.

VII.

Les contrôleurs des actes qui auront mérité leur avancement, passeront à de meilleurs bureaux, ou à des emplois de vérificateurs, s'ils sont trouvés capables d'en bien remplir les fonctions.

VIII.

Les ambulances ne seront confiées qu'à des vérificateurs, ou à des contrôleurs de bureaux de chefs-lieux, qui se seront distingués par leur bon travail et leur bonne conduite.

IX.

Les inspections ne seront aussi accordées qu'à des ambulants auxquels on aura reconnu toutes les qualités requises pour ces sortes d'emplois.

X.

A l'égard des directions, qui sont les places les plus importantes et qui exigent le plus de talents, elles ne seront confiées, savoir : celles de la première classe, qu'aux directeurs des directions de la seconde classe ; celles de la seconde classe, qu'aux directeurs des directions de la troisième classe ; et celles de la troisième classe, qu'aux inspecteurs, à moins qu'il ne se trouve dans le royaume, des ambulants plus en état qu'eux d'en bien remplir toutes les obligations, auquel cas ils leur seront préférés ; et pour que la Compagnie puisse juger plus particulièrement de la capacité des uns et des autres, et ne donner la préférence *qu'au seul mérite*, elle les fera travailler sous ses yeux, pendant quelque temps, tant à la correspondance qu'à la discussion des affaires de toute nature (1).

Les directions de la première classe sont celles des généralités de Paris, Bordeaux, Dijon, Montpellier, Tours et Aix.

Les directions de la seconde classe sont celles des généralités de Toulouse, Rouen, Montauban, Grenoble, Caen, Orléans, Alençon, Châlons, Amiens, Besançon et Riom.

Et les directions de la troisième classe sont celles de Lyon, Rennes, Nantes, Morlaix, Pau, Auch, Poitiers, Limoges, La Rochelle, Metz, Moulins, Soissons, Bourges et Perpignan.

XI.

Les chefs, même les sous-chefs de correspondance, seront reçus au concours pour les directions de la seconde et de la troisième classe.

XII.

Lorsqu'il s'agira de nommer aux emplois de quelque qualité qu'ils soient, la Compagnie fera choix, *parmi tous les employés du Royaume indistinctement*, de ceux qui seront le plus propre à en bien remplir les fonctions, sans avoir égard, ni aux protections, ni aux recommandations.

XIII.

Les emplois ne seront accordés que lorsqu'ils seront vacants, et il n'en sera assuré aucun, *soit à titre de survivance, d'adjonction ou autrement*.

XIV.

A mérite égal, l'ancienneté des services déterminera le choix de la Compagnie,

---

(1) Les inspecteurs, avant d'être appelés à une direction, doivent encore aujourd'hui aller passer quelque temps à l'administration centrale pour y subir leurs épreuves.

XV.

La nomination aux emplois sera faite par tous les fermiers généraux de correspondance des domaines et droits y joints : à l'effet de quoi il sera tenu une assemblée extraordinaire une fois par semaine et plus souvent, si cela est nécessaire.

Il sera envoyé, sans retardement, copie de la présente délibération à chacun des directeurs des domaines des provinces et généralités du Royaume, pour en donner connaissance à tous les employés qui leur sont subordonnés.

Fait à l'hôtel des fermes du Roi, les jours et an susdits. *Signé :* Douet, Poujaud, Paulze, Dangé, de Boizemont, Faventines, Saint-Amand, de Fonteuille, Salfur, de Grisenoy, Augeard, Baudon, Mazières,, de La Loge, Poujaud fils, d'Arjuzon. En marge est écrit de la main de Monseigneur le contrôleur général : *Vu bon.*

L'administration de l'enregistrement se recrute encore aujourd'hui au moyen de surnuméraires, et les employés supérieurs sont à présent dans chaque département, comme alors dans chaque Généralité, un directeur, un inspecteur, des vérificateurs. Les contrôleurs placés sous leurs ordres ont changé de nom et maintenant s'appellent receveurs ; les chef de correspondance paraissent être les chefs de bureau actuels de l'administration centrale ; les ambulants seuls ont disparu.

L'organisation actuelle est donc imitée de l'organisation ancienne, et si elle n'est pas directement l'œuvre des intendants, on doit supposer que leur active surveillance n'est pas restée étrangère à son établissement.

CHAPITRE V

ADMINISTRATION MILITAIRE

Deux modes de recrutement de l'armée ont été de tout temps pratiqués en France : l'enrôlement volontaire et l'enrôlement forcé. Sous l'empire de la féodalité, le second de ces modes était le seul normal, et c'était la loi qui réunissait sous les drapeaux du Roi, ou de ses vassaux, ces paysans, ces bourgeois mal armés, et ces chevaliers couverts de fer, masses incohérentes et indisciplinées, dont il est si souvent question dans notre histoire au xie, au xiie et au xiiie siècles. Cependant, il y avait, dès cet âge reculé, des exceptions à la règle ; il y avait des corps de troupes formés d'hommes qu'avait attiré au métier des armes l'appât de la solde et du pillage, le goût des aventures ou de l'oisive licence des camps, mais que, dans tous les cas, leur libre choix avait attaché à cette profession si utile et souvent si redoutable. Ces corps de troupes, les Routiers, les Cotereaux, les Brabançons, les Grandes-Compagnies, comme on les appelait, furent le germe des armées régulières et permanentes, à la création desquelles sont dus les progrès si grands faits par l'art militaire dans les temps modernes. Ces armées datent, en France, comme on sait, du xv⁰ siècle et du règne de Charles VII, et leur immense supériorité sur les troupes féodales, fit qu'elles les supplantèrent rapidement. Aussi, l'enrôlement volontaire fut-il, en principe, le mode de recrutement presque exclusivement adopté pour l'armée active pendant les derniers temps de l'ancienne monarchie.

Cependant la supériorité de l'armée française de cette époque sur les armées féodales ne tenait pas au mode de recrutement : elle était due en grande partie à cette circonstance importante que les hommes, dont cette armée se composait, joignaient à l'esprit de corps et à la discipline des connaissances spéciales et l'habitude du maniement des armes, avantage qui manquait à ces cohues réunies précipitamment, dont, pour la plus grande partie, les armées féodales étaient formées. Or des troupes, levées par l'enrôlement forcé, pouvaient acquérir ces qualités si précieuses, aussi bien que les troupes levées par enrôlement volontaire.

Les rois de France le comprirent, et, sans cesser de donner la préférence aux troupes recrutées par l'enrôlement volontaire, ils se créèrent une réserve utile par l'enrôlement forcé, en l'appliquant à un petit nombre de sujets, tandis que les levées en masse des temps féodaux, *le ban et l'arrière-ban*, n'étaient plus qu'une vieillerie discréditée et ridicule au xvii⁰ siècle, et finissaient au xviii⁰ par se trouver réduites à l'état de souvenir historique.

Le premier établissement de cette réserve date de la même époque que la création des armées permanentes : il remonte à Charles VII et à l'ordonnance du 28 avril

1448 (1). Cette réserve tira son nom de l'arme dont elle se servait et des priviléges qui, en temps de paix, étaient son unique solde. On appelait *Francs-Archers* les hommes qui la composaient ; chaque paroisse du royaume devait en fournir un.

La milice provinciale du xviie et du xviiie siècles est une institution analogue (2). L'ordonnance du 29 novembre 1688 (3) charge les intendants de diriger le recrutement de la milice. Aux termes de cette loi fondamentale, les intendants commençaient par dresser un état des paroisses les plus importantes de la Généralité, et plaçaient sur cet état un nombre de paroisses égal à celui des hommes que la Généralité devait fournir ; puis les habitants de chacune des paroisses portées sur cet état, désignaient eux-mêmes leur milicien, qui devait être non marié, domicilié dans la paroisse et âgé de vingt ans au moins, de quarante au plus. Le privilége accordé aux paroisses de choisir elles-mêmes le milicien mis à leur charge, fut dans la pratique l'occasion de grandes difficultés parce que peu de gens se souciaient d'être l'objet de ce choix. Dans certaines localités, on faisait battre la caisse et on annonçait qu'on donnerait une somme déterminée à celui qui voudrait s'engager pour faire le service que devait la paroisse (4) ; par conséquent, une paroisse présentait quelquefois un homme qui lui était étranger (5) et la milice tendait à se recruter

---

(1) *Ordonnances du Louvre*, XIV, 1 ; Isambert, IX, 169 ; Daniel, *Hist. de la milice française*, I, 238-251. Sur les Francs-Archers, voir Boutaric, *Institutions militaire de la France*, 3117-326.

(2) Cette observation a déjà été faite par Daniel, *Histoire de la milice française*, II, 430.

(3) Isambert, XX, 66.

(4) Ordonnance du 16 janvier 1689, Isambert, XX, 70.

(5) Voir la même ordonnance et celle du 26 février 1690, Isambert, XX, 102.

par engagement volontaire au moyen de primes comme les régiments royaux, ce qui dénaturait complétement le principe de l'institution. Pour maintenir ce principe dans toute sa pureté, l'ordonnance du 23 décembre 1691 prescrivit que le milicien de chaque paroisse serait désigné par un tirage au sort entre les garçons et les jeunes hommes mariés de la paroisse (1). C'est à cette date que remonte chez nous le mode de recrutement qui sert de base à l'organisation actuelle de l'armée. Le remplacement militaire date de la même époque, ses conditions sont déterminées par l'ordonnance du 1ᵉʳ février 1705 (2). La faculté d'exonération accordée par une loi du second Empire, et qui parut alors une nouveauté, fut momentanément établie par le réglement du 10 septembre 1709 ; la somme à payer était de soixante-quinze livres par homme (3).

Les archives de l'Aube contiennent beaucoup de procès-verbaux de tirage dressés par les subdélégués de Bar-sur-Aube (4) et de Troyes (5). On y voit qu'en un siècle un grand progrès s'accomplit dans le sens d'une répartition plus équitable de cet onéreux impôt, très arbitrairement assis par l'ordonnance du 29 novembre 1688, puisque aux termes de cette loi certaines paroisses n'a-

---

(1) Isambert, XX, 114. La manière dont le tirage au sort devait s'effectuer est déterminée avec détail par l'ordonnance du 1ᵉʳ décembre 1774, titre IV, dans Guyot, *Répertoire*, XVI, 338-341 ; Isambert, XXIII, 88-93.

(2) Isambert, XX, 461. Voir aussi C. 1047, l'art. 4 de l'ordonnance du 25 août 1734 dans La Poix de Freminville, *Traité général du gouvernement des biens et affaires des communautés d'habitants*, V, 346, et le titre VI de l'ordonnance du 1ᵉʳ décembre 1764 dans Guyot, *Répertoire*, XVI, 343, et Isambert, XXIII, 97-99.

(3) Isambert, XX, 544.

(4) Archives de l'Aube, C. 263-269.

(5) Archives de l'Aube, C. 1049-1056.

vaient pas de miliciens à fournir et que les paroisses portées sur les états devaient chacune désigner un homme, quel que fut le chiffre de leur population ; au contraire, les procès-verbaux de tirage des derniers temps de la monarchie montrent tantôt plusieurs paroisses peu importantes réunies pour fournir un soldat, tantôt une paroisse plus considérable obligée d'en donner deux ou trois (1), conformément au titre IV, art. 3 de l'ordonnance du 1er décembre 1774 (2). Les cas d'exemption donnaient lieu à un examen médical des sujets et à mille sollicitations (3).

Les Francs-Archers constituaient un corps spécial qui avait ses officiers nommés par le Roi et qui sous Louis XI comprenait seize mille hommes (4).

L'organisation de la milice varia beaucoup suivant le temps. Pendant la guerre de Louis XIV contre la ligue d'Augsbourg, elle composa trente régiments, chacun de 835 soldats, et formant un effectif total de 25.050 hommes qui furent licenciés à la paix de Riswick. Quand la guerre de la succession d'Espagne vint entourer de tant de dangers la monarchie du grand roi, on leva de nouveau des miliciens ; mais on n'en forma pas de régiments, on les versa dans les régiments de l'armée active dont ils comblèrent les vides, en sorte que les hommes, entrés sous les drapeaux par enrôlement forcé et par engagement volontaire, servaient dans les mêmes corps à l'instar de ce qui se passe aujourd'hui (5). Sous Louis XV la

(1) Archives de l'Aube, C. 265, 269.
(2) Isambert, XXIII, 88, Guyot, *Répertoire*, XVI, 338.
(3) Archives de l'Aube, C. 270, 1058, 1060. Sur les exemptions par privilége, voir Boutaric, *Institutions militaires de la France*, p. 456-462.
(4) Daniel, *Histoire de la milice française*, I, 244 ; Boutaric, *Institutions militaires de la France*, 321.
(5) Daniel, *Histoire de la milice française*, II, 430-431. Sur le ser-

milice et les miliciens, qui changèrent de nom en 1771 et s'appelèrent régiments et soldats provinciaux (1), reprirent une existence distincte de celle des troupes recrutées par engagement volontaire. On voit figurer dans l'inventaire des Archives de l'Aube le régiment provincial de Troyes (2). Au commencement du règne de Louis XVI, l'effectif des régiments provinciaux était de 74,550 hommes formant 105 bataillons de 710 hommes chacun, et la levée annuelle était de 12,825 hommes, c'est-à-dire d'un sixième de cet effectif, car la durée du service, fixée à deux ans par l'ordonnance du 28 novembre 1688 (3), avait été postérieurement élevée à six années (4). L'ordonnance du 15 décembre 1775 licencia les régiments provinciaux, et celle du 1er mars 1778 établit une organisation analogue à celle qui avait existé pendant les dernières années du règne de Louis XV ; sauf la différence que voici : elle affecta vingt-quatre bataillons de milice au service de l'artillerie, en attacha cinq à l'état-major et en réunit chacun des autres à un régiment de troupes réglées, sous le nom de bataillon de garnison (5). Les soldats provinciaux de l'Élection de Troyes firent partie du 1er régiment d'état-major (6).

L'ordonnance du 29 novembre 1688 décide que les mi-

---

vice actif fait par la milice sous Louis XV, voir Boutaric, *Institutions militaires de la France*, 468-470.

(1) Ordonnance du 4 août 1771 citée par Guyot, *Répertoire*, XIV, 586-587.
(2) Archives de l'Aube, C. 1017-1963.
(3) Isambert, XX, 69.
(4) Sur l'organisation de la milice au commencement du règne de Louis XVI, voir les ordonnances du 15 décembre 1775, et du 30 janvier 1778, dans Isambert, XXIII, 285, et XXV, 195.
(5) Boutaric, *Institutions militaires de la France*, p. 472.
(6) Archives de l'Aube, C. 1017-1062.

ADMINISTRATION MILITAIRE

liciens ne seront pas assujettis au port de l'uniforme (1). Cette tolérance disparut bientôt ; mais, comme ils ne durent jamais revêtir l'uniforme que lorsqu'ils étaient de service, une ordonnance datée du 16 décembre 1726 prescrivit que leurs uniformes seraient, avec les armes qui leur étaient destinées, conservés dans les dépôts établis dans les principales villes du royaume. Il y eut à Troyes un dépôt de ce genre (2). Les effets qu'il contenait furent vendus pardevant le subdélégué en 1777, par suite de la suppression des régiments provinciaux (3).

Tant que les miliciens ou soldats provinciaux demeuraient dans leurs foyers et n'étaient pas appelés à un service actif, ils se trouvaient exclusivement placés sous la surveillance des intendants et de leurs subdélégués. C'était l'intendant ou le subdélégué qui les passait en revue (4); c'était à l'intendant que devait s'adresser un soldat provincial qui désirait se marier (5), ou s'absenter de son village (6). La peine édictée par la loi contre les réfractaires était prononcée par l'intendant (7).

L'autorité des intendants s'étendait, en certaines matières, aux régiments du Roi et à l'armée active.

(1) Isambert, XX, 68.
(2) Archives de l'Aube, C. 1063.
(3) L'Ordonnance du 16 décembre 1726 est indiquée par La Poix de Fréminville, *Traité général du gouvernement et des affaires des communautés d'habitants*, p. 311. On peut consulter aussi sur l'habillement et l'armement des soldats de milice, les ordonnances du 23 mars 1690 indiquées par Isambert, XX, 103; celles du 25 août 1734 et du 1er novembre 1747 dans La Poix de Fréminville, ouvrage déjà cité, p. 346-347, et Boutaric, *Institutione militaires de France*, p. 466, 467, 468.
(4) Ordonnance du 15 décembre 1775 pans Isambert, XXIII, 285 ; voir nos liasses C. 278, 1059.
(5) Archives de l'Aube, C. 1061.
(6) Archives de l'Aube, C. 1059.
(7) Archives de l'Aube, C. 1062.

On sait que les régiments du Roi se recrutaient par engagement volontaire. La prime d'engagement était alors beaucoup moins élevée que sous le second Empire. Voici le tarif arrêté par l'ordonnance du 25 mars 1776.

INFANTERIE FRANÇAISE

Engagement pour huit ans......	50 livres	
Pour boire......................	30 livres	92 livres.
Frais et gratification au recruteur.	12 livres	

INFANTERIE ALLEMANDE ET ÉTRANGÈRE

Engagement pour huit ans......	63 livres	
Pour boire......................	37 livres	120 livres.
Frais et gratification au recruteur.	20 livres	

CAVALERIE

Engagement pour huit ans......	72 livres	
Pour boire......................	40 livres	132 livres.
Frais et gratification au recruteur.	20 livres	

DRAGONS ET HUSSARDS

Engagement pour huit ans......	60 livres	
Pour boire	36 livres	111 livres.
Frais et gratification au recruteur.	15 livres	

Les soldats touchaient leur pour boire aussitôt après la signature de l'engagement, et le prix de l'engagement leur était versé : moitié à leur arrivée au dépôt, moitié après leur incorporation au régiment (1).

La modicité de la somme que recevait chaque engagé et le taux élevé de la gratification assurée au recruteur,

---

(1) Guyot, *Répertoire*, VI, 731.

expliquent les ruses et tous les moyens peu délicats auxquels recouraient les sergents raccoleurs pour réunir le nombre d'hommes demandé par les chefs de corps.

Si les sergents raccoleurs s'étaient contentés des artifices de la réclame, s'ils s'étaient bornés, par exemple, à répandre dans les cabarets des cartes à jouer au dos desquelles se trouvaient leur adresse, ils n'auraient pas dépassé leurs droits. Trois cartes à jouer du genre de celles dont nous parlons se trouvent aux archives de l'Aube, montre n° 13. Derrière un roi de pique on lit, par exemple :

RÉGIMENT DE ROUERGUE.
En garnison à Saint-Pol de Léon, en Bretagne.

Colonel-commandant : M. le vicomte DE CUSTINE.
Colonel en second : M. le comte DE TOULONGEON.

Brillante jeunesse qui brûlez du désir de servir votre Roi, venez satisfaire vos louables inclinations et adressez-vous à cet effet au sieur Venot, sergent audit régiment, logé chez M. Hardi, rue Thibaudoré, vis-à-vis l'arche Marion, au troisième. Il les prend de la taille de 5 pieds 2 pouces. Ceux qui lui procureront de beaux hommes seront bien récompensés.

Mais souvent les recruteurs provoquaient l'ivresse ou recouraient à la violence pour arracher une signature (1). Leurs victimes s'adressaient à l'intendant : à l'intendant appartenait de prononcer si l'engagement avait été valablement contracté (2).

Les familles qui désiraient faire admettre un enfant à

---

(1) Voir une formule d'engagement dans Guyot, *Répertoire*, VI, 730.
(2) Archives de l'Aube, C. 271, 1064, 1065.

l'école militaire devaient envoyer leurs pièces à l'intendant (4).

Les frais de route dus au soldats en marche leur étaient payés sur mandats délivrés par les subdélégués (1). Les gîtes d'étape étaient désignés par le ministre de la guerre sur l'avis de l'intendant (2). Les communautés fournissaient tout ce dont avaient besoin les troupes en marche : le logement et le coucher, la nourriture et les voitures nécessaires pour le transport des bagages. Tout ce service était soumis à la surveillance de l'intendant.

L'ordonnance du 14 août 1623, pour rendre moins onéreuse l'obligation du logement militaire, avait prescrit l'établissement de casernes dans les principaux gîtes d'étape de France (3), mais nos archives ne nous ont montré aucun exemple de l'exécution de cette prescription (4).

L'obligation imposée aux communautés de fournir des vivres aux soldats en marche remonte au code Michaud, janvier 1629 (5). Jusqu'à cette époque, les soldats en marche n'avaient, en théorie, droit à aucune fourniture de vivres et devaient acheter sur leur solde, comme de simples particuliers, les denrées dont ils avaient besoin (6). En fait, leur solde qui, sous Louis XIII,

(1) Archives de l'Aube, C. 274, 1077.
(1) Archives de l'Aube, C. 1067, 1071.
(2) Archives de l'Aube, C. 1074.
(3) Guyot, *Répertoire*, VII, 98-99 ; C. Dareste, *Histoire de l'administration en France*, II, 315.
(4) Archives de l'Aube, 315.
(5) Art. 234, 272-281 ; Isambert, XVI, 290-293-295. L'opposition du Parlement empêcha le Code Michaud d'être mis à exécution. Cependant quelques dispositions nouvelles contenues dans cet édit furent maintenues ; celle-ci est du nombre.
(6) Ordonnances de janvier 1514, art. 20, et de décembre 1530, art. 10 dans Isambert, XII, 10, 348.

était de 8 sous par jour, se dissipait en dépenses inutiles, et c'était par le pillage qu'ils se procuraient les vivres nécessaires (1). Ce fut pour remédier à ce désordre que la fourniture des vivres fut mise à la charge des communautés. Dès lors elle dut se faire par voie de réquisition, sauf remboursement par l'État ; mais dans l'origine ce remboursement n'était pas immédiat. Le 30 septembre 1712, les pièces qui devaient servir au règlement des fournitures faites en novembre et décembre 1709 n'étaient point encore régulièrement produites entre les mains de l'intendant de Champagne, chargé de pourvoir à ce règlement (2).

Le service des convois militaires fut comme celui des vivres, mis par le code Michaud à la charge des communautés (3). Jusqu'en 1771, il s'exécuta en Champagne par corvée, sur les réquisitions adressées par les chefs de corps aux maires ou syndics. Ces corvées se firent d'abord sans indemnité, puis moyennant indemnité. Avant l'instruction du 15 décembre 1766, cette indemnité, était due pour chaque corvée par la caisse du régiment, et versée entre les mains des intéressés suivant ordre du chef de corps, sauf réclamation ultérieure au ministre de la guerre dans le cas où la somme allouée aurait paru insuffisante (4). A partir de l'instruction du 15 décembre 1766, le chiffre de l'indemnité fut fixé par l'intendant sur le vu d'un certificat délivré par le chef de corps et déterminant en quoi avait consisté chaque corvée (5).

---

(1) Guyot, *Répertoire*, VII, 99 ; Chéruel, *Histoire de l'Administration monarchique*, I, 299-300.
(2) Archives de l'Aube, C. 1712.
(3) Code Michaud, art. 262 ; Isambert, XVI, 291.
(4) Archives de l'Aube, C. 351.
(5) Archives de l'Aube, C. 1073.

En 1770, grâce au zèle intelligent de l'intendant Rouillé d'Orfeuil, ces corvées furent supprimées en Champagne, et les convois militaires confiés dans chaque Élection à un entrepreneur ; le montant de la somme que devait recevoir l'entrepreneur fut réparti à titre d'imposition entre les différentes communautés de l'Élection (1). En 1775, cette amélioration avait été déjà introduite dans neuf généralités (2), l'arrêt du Conseil du 29 août l'étendit à toute la France (3).

La répression des crimes et délits commis contre les habitants par les soldats en marche ou en garnison était aussi de la compétence de l'intendant (4).

(1) Archives de l'Aube, C. 1072, 1073.
(2) Voir à ce sujet le livre de M. Tissot intitulé *Turgot, sa vie, son administration, ses ouvrages*, p. 110-113.
(3) Isambert, XXIII, 232-233 ; Guyot, *Répertoire*, V, 38 ; Voir aussi R. Dareste, *La Justice administrative en France*, p. 114.
(4) Archives de l'Aube, C. 272, 273, 1079-1083. Voir aussi R. Dareste, *La Justice administrative en France*, p. 117.

CHAPITRE VI

PONTS ET CHAUSSÉES

Le service des ponts et chaussées fut d'abord, comme tous les services administratifs, abandonné aux officiers de justice, prévôts, baillis, sénéchaux, etc. (1) ; l'article 18 de l'ordonnance du 20 octobre 1508 en attribua la direction aux trésoriers de France (2) ; l'édit de mai 1599 confia cette direction au grand-voyer qu'il créa (3) ; l'édit de février 1626 supprima la charge de grand-voyer et rendit aux trésoriers de France, c'est-à-dire aux Bureaux des finances de chaque Généralité, les pouvoirs qu'ils avaient reçus en 1508 (4). Puis peu à peu l'influence

(1) Voir l'article 247 de l'ordonnance du 24 mai 1413 (ordonnance cabochienne), dans les *Ordonnances du Louvre*, X, p. 70 et suivantes ; Isambert, VII, p. 283 et suivantes ; C. Dareste, *Histoire de l'Administration*, II, 172.
(2) Isambert, XI, 522 ; Vignon, *Etudes historiques sur l'administration des voies publiques en France*, t. I, 1ʳᵉ partie, p. 21, 2ᵉ partie, p. 13.
(3) Isambert, XV, 222-224 ; Vignon, I, 2ᵉ partie, p. 85-36.
(4) Cet édit est indiqué par Isambert, XVI, 164 ; le texte a été publié par M. Vignon, I, 2ᵉ partie, p. 97-98.

des intendants parvint, en cette matière comme en tant d'autres, à réduire énormément l'action des Bureaux des finances, ne leur laissant guère, sauf le contentieux, qu'une autorité nominale (1). Pendant les dernières années du xvii° siècle et pendant les xviii°, le service des ponts et chaussées fut dans chaque Généralité dirigé par l'intendant de cette Généralité sous la haute surveillance du contrôleur général des finances, puis du directeur général des ponts et chaussées (2), ou plus habituellement d'un intendant des finances chargé du *détail* des ponts et chaussées (3). Enfin, il agit avec le concours d'ingénieurs des ponts et chaussées, quand fut organisé ce corps d'ingénieurs à qui la France doit tant d'utiles travaux.

Avant la fin du règne de Louis XIV, l'établissement d'un ingénieur dans chaque Généralité était chose décidée en principe, sinon réalisée (4), et le premier ingénieur de la généralité de Champagne entra en fonctions peu

---

(1) R. Dareste, *La Justice administrative en France*, p. 29-30; Vignon, I, 1`re` partie, p. 65-68.

(2) Le marquis de Beringhen fut directeur général de 1715 à 1725; Joseph Dubois, frère du cardinal, succéda au marquis de Beringhen et resta en fonctions jusqu'en 1736. (Vignon, t. II, 1`re` partie, p. 22-26). Il y a aux Archives de l'Aube des pièces émanées de ces deux personnages.

(3) Le premier intendant des finances chargé du *détail* des ponts et chaussées fut de Bercy, 1711-1715. Nous trouvons ensuite d'Ormesson, 1721-1743; Trudaine, 1743-1769; Trudaine de Montigny, 1769-1777; de Cotte, jusqu'en 1781; Chaumont de la Millière, 1781-1792. (Vignon, t. II, 1`re` partie, p. 2, 97, 99, 163, 166, 168, 168, etc.) Pour être complet nous signalerons le directeur des finances Fleuriau d'Armenonville, chargé du détail des ponts et chaussées de 1702 à 1708. — Les lettres signées d'Ormesson, Trudaine et La Millière sont en grand nombre aux Archives de l'Aube.

(4) Vignon, II, 1`re`, partie, p. 8. — Voir dans le même volume, 2° partie, p. 23, l'arrêt du conseil qui, le 21 novembre 1713, prescrivit l'imposition sur la province de Champagne des appointements de l'ingénieur qu'on projetait de nommer dans cette Généralité.

de temps après l'avénement de Louis XV. Voici la liste des ingénieurs de cette province jusqu'à la Révolution : Bérenguier, nommé le 4 février 1716 (1) ; de Mesgrigny, 15 janvier 1718 (2) ; de La Force (3) ; de Clinchamp, 6 février 1742 (4) ; Legendre, 1er mars 1744 (5) ; Bocher de Coluel, 24 mars 1764 (6) ; Le Jolivet, 1783 (7). Les premiers de ces fonctionnaires avaient le titre d'ingénieur ordinaire du roi. Legendre, après l'avoir porté comme ses prédécesseurs, prit celui d'ingénieur en chef que conservèrent ses deux successeurs (8). A l'ingénieur en chef de Champagne était subordonné un personnel nombreux : ingénieurs ordinaires, sous-ingénieurs, inspecteurs, conducteurs principaux, conducteurs particuliers, piqueurs principaux, piqueurs particuliers, voyers-piqueurs, pionniers etc. En 1783 nous comptons, sous les ordres d'un sous-ingénieur, trois conducteurs principaux, quatre conducteurs particuliers, deux piqueurs principaux, dix piqueurs particuliers.

Sous le régime de la corvée, les voyers-piqueurs étaient chargés de diriger les corvéables. Après la suppression de la corvée les routes furent divisées en stationnements,

(1) Vignon, II, 2e partie, p. 58.
(2) Vignon, II, 2e partie, p. 58.
(3) Nous ignorons la date de sa nomination. Il était en fonctions en 1728.
(4) Vignon, II, 2e partie, p. 139.
(5) Vignon, II, 2e partie, p. 146. — Legendre devint inspecteur général le 18 mars 1763 (ibid., p. 189). Il était mort en 1770 (ibid., p. 221).
(6) Vignon, II, 2e partie, p. 192, 250. Il fut nommé inspecteur général le 26 janvier 1783 (ibid. p. 326).
(7) Il avait été nommé à Compiègne en 1777, Vignon, II, 2e partie, p. 253.
(8) Nous trouvons le titre d'ingénieur ordinaire du roi donné à de La Force, Clinchamp et Legendre et 1739, 1740 et 1747 (C. 1099). En 1763, Legendre était qualifié d'ancien ingénieur en chef (C. 1098).

placés chacun sous l'autorité d'un conducteur et subdivisés en cantonnements qui étaient confiés chacun à un pionnier. Le pionnier dans cette organisation est identique au cantonnier de nos jour. Le dix-septième stationnement comprenait sous l'autorité d'un conducteur neuf cantonnements entretenus chacun par un pionnier et longs, le moins considérable de 914 toises, le plus considérable de 1,214. Les pionniers recevaient un salaire mensuel de vingts livres, plus une gratification, ou moins une retenue, suivant que leur service le méritait (1).

Il est certainement fort intéressant de chercher à connaître dans quelle mesure nos ponts et nos voies de communication actuels sont l'œuvre de cette ancienne administration. Les archives qui la concernent sont peu connues du public.

Pour en donner une preuve nous citerons le volume intitulé : *Congrès archéologique de France. Séances générales tenues à Troyes en 1853 par la Société Française pour la conservation des monuments historiques.* On y lit, p. 212 et suivantes, que le pont de Fouchères est un « des plus anciens et des plus intéressants du dépar-
» tement », qu'un des maîtres de la science « fait
» remonter l'époque de sa contruction jusqu'au XIII° siè-
» cle. » « Un membre dit que le pont de Fouchères
» porte encore sur ses vieilles pierres une preuve de
» son antique origine ; ce sont de grands anneaux des-
» tinés à amarrer des bateaux, or il y a des siècles que
» la Seine a cessé d'être navigable dans ces parages. »
Suivant un autre orateur, « les habitants attachent beau-
» coup d'importance à la conservation de ce monument
» dont ils attribuent la construction aux Romains. » —

---

(1) Archives de l'Aube, C. 280, cf. C. 279, 1088-1093.

Or la vérité est que le pont actuel de Fouchères date du siècle dernier. Bâti à plusieurs centaines de mètres en amont de l'ancien pont qui a été détruit en 1694, et dont il subsiste à peine quelques traces visibles pendant les basses eaux, il a eu pour architecte l'ingénieur de La Force. Le devis daté de 1733, le plan et l'élévation produits à l'appui existent encore aux archives de l'ingénieur en chef des ponts et chaussées de l'Aube. En juin 1738, on commençait à y travailler, nous dit une lettre du subdélégué de Troyes à l'intendant de Champagne ; le procès-verbal de réception est daté du 20 avril 1740 ; les arches de bois qui se trouvent aux extrémités étaient construites en 1758. On peut voir dans les liasses C. 1118 et C. 1402 des archives de l'Aube la preuve de tout ce que nous avançons (1).

Dans la partie du département de l'Aube qui dépendait de la généralité de Champagne, le seul pont important qui paraisse antérieur à la création du corps des ingénieurs des ponts et chaussées est celui de Dienville (2). Les suivants, qui ont tous comme lui au moins vingt mètres d'ouverture, sont l'œuvre des ingénieurs du siècle dernier : 1° celui de Fouchères, dont nous venons de parler ; 2° celui de Foicy, daté de 1759, par M. Gauthey (3) ; 3° celui de Saint-Jacques, à Troyes,

---

(1) Voir au sujet des influences qui obtinrent du cardinal de Fleury la construction de ce pont, Grosley, *Mémoires pour servir à l'histoire des Troyens célèbres*, I, 332. Nous devons l'indication de ce passage à la bienveillance de M. Corrard de Breban, président honoraire du tribunal civil de Troyes.

(2) La date de 1639 est, dit-on, gravée sur une pierre de ce pont, qui fait partie de la route départementale n° 3 de Tonnerre à Dienville. Nous devons cette indication à M. Lefranc, conducteur des ponts et chaussées.

(3) *Traité de la construction des ponts*, I, 104, lisez 140.

qui était en construction en 1758 (1), ces trois ponts élevés sur la Seine ; 4° sur l'Aube, le pont Boudelin, dit de Fontaines, dont les quatre arches situées du côté de Bar-sur-Aube paraissent remonter à 1757 (2), et dont les quatre autres ont été bâties sur un devis du sous-ingénieur de Montrocher, en date du 6 août 1774, et ont été reçues le 8 octobre 1777 (3) ; 5° sur la même rivière, le pont de Dolancourt, construit sur devis de 1756 et reçu en 1768 (4) ; 6° sur la Barse, le pont de Plumery, devis de 1765, réception de 1773 (5) ; 7° sur l'Ource, le pont d'Essoyes, lequel aurait été terminé en 1769 (6).

Voici les dates de quelques autres ponts moins importants :

1° Sur la Barse, le pont du Chêne, près de Villeneuve, devis de 1759 (7), le pont de Vendeuvre, devis de 1774, adjudication de 1775 (8), le pont de la Guillotière, devis de 1782 (9), adjudication de la même année (10) ; 2° sur l'Hozain, le pont des Maisons-Blanches, en construction en 1747 et en 1749 (11), conformément à un devis daté de 1745 (12) ; 3° sur le Triffoire, le pont de Bré-

---

(1) Archives de l'Aube, C. 1099.
(2) Cette date est, dit-on, gravée sur une pierre de ce pont. Nous devons cette indication à M. Lefranc.
(3) Archives de l'Aube, C. 285, 288.
(4) Archives de l'ingénieur en chef de l'Aube. Voir aussi Archives de l'Aube, C. 356, 543.
(5) Archives de l'ingénieur en chef de l'Aube. Voir aussi C. 1099.
(6) Cette date est, suivant M. Lefranc, gravée sur une pierre de ce pont.
(7) Archives de l'ingénieur en chef.
(8) Ibidem.
(9) Archives de l'ingénieur en chef, et Archives de l'Aube, C. 1099.
(10) Archives de l'Aube, C. 1099.
(11) Archives de l'Aube, C. 1118.
(12) Archives de l'ingénieur en chef; voir aussi Archives de l'Aube, C. 1097.

viande, devis de 1749, réception de 1753 (1); sur la Sarce, le pont de Lenclos, devis de 1756, réception de 1765 (2).

C'est à l'ancienne administration des ponts et chaussées qu'est due la presque totalité des routes nationales et une grande partie des routes départementales actuelles. Il existait sans doute avant la création de cette administration des chemins qui reliaient entre elles les localités importantes que ces routes mettent en relation, une partie de ces chemins remontait aux ingénieurs romains, peut-être même au delà; mais le tracé de ces chemins ne répondait plus aux besoins des populations, et le tracé actuel date du XVIII° siècle et de l'administration fondée par Colbert.

Un exemple frappant nous en est fourni par la route nationale n° 19, de Paris à Bâle, qui autrefois traversait le hameau des Trois-Maisons, commune d'Ossey, et le village du Pavillon, et qui, entre Nogent-sur-Seine et Troyes, était desservie par les maîtres de poste de ces deux localités (3); maintenant elle passe à sept kilomètres de distance, et les postes des Granges et des Grés ont remplacé celles des Trois-Maisons et du Pavillon. Ce changement de tracé appartient à l'administration du directeur général Dubois, 1723-1736 (4).

Entre Vendeuvre et Bar-sur-Aube une modification analogue s'est produite trente ans plus tard, quand la vieille route par Spoix et Proverville a été remplacée par la nouvelle qui passe à Magny-Fouchard et près de Dolancourt. On peut voir dans la liasse C. 281 des pièces

(1) Archives de l'ingénieur en chef.
(2) Archives de l'ingénieur en chef.
(3) Archives de l'Aube, C. 1602.
(4) Archives de l'Aube, C. 1162.

relatives à l'entretien de la vieille route avant son abandon, et la liasse C. 356 montrera une des conséquences de cet abandon qui fit mettre à Bar-sur-Aube le pont d'Aube à la charge de la ville.

La route nationale n° 90 de Nancy à Orléans est, dans le département de l'Aube, presque tout entière, mais surtout à l'Est de Troyes, une création de l'ancienne administration des ponts et chaussées (1).

Il en est de même 1° d'une partie de la route nationale n° 77 de Nevers à Sedan, celle qui est au Sud-Ouest de Troyes (2) ; 2° de la route nationale n° 51 de Mézières à Orléans (3) ; 3° d'une partie de la route départementale n° 2 (4) ; 4° de la route départementale n° 6 (5).

Voici du reste un document qui peut être considéré comme le bilan de l'ancienne administration des ponts et chaussées en Champagne. C'est l'état officiel des grandes routes et des chemins de communication de la Généralité en 1787. Nous l'avons extrait d'un tableau manuscrit conservé dans les archives de l'Aube. Nous y avons intercalé en plus petits caractères les numéros et les noms actuels des routes et chemins.

Nous avons été puissamment aidé dans ce travail de concordance par l'obligeant concours de MM. Quillard, ingénieur en chef des ponts et chaussées de l'Aube, Decary, agent-voyer en chef du même département, Leloup, conducteur à Troyes, et Sénémaud, archiviste du département des Ardennes. Nous les prions d'agréer nos remerciements.

---

(1) Archives de l'Aube, C. 283, 284, 1106, 1107.
(2) Archives de l'Aube, C. 1115-1116, 1131, 1468.
(3) Archives de l'Aube, C. 1112, 1298.
(4) Archives de l'Aube, C. 287.
(5) Archives de l'Aube, C. 473, 1126, 1127.

PONTS ET CHAUSSÉES

NUMÉROS	DÉSIGNATION DES ROUTES	LARGEURS	LONGUEURS	
			totales	à faire à neuf
		toises	toises	toises
	Première classe.			
1	Première communication militaire de Flandres en Allemagne par Lille, Mézières, Sedan, Stenay, Montmédy, etc..........	7	31,004	»
	Routes nationales : n° 39, de Montreuil à Mézières; n° 64, de Neufchâteau à Mézières; n° 51, de Givet à Orléans; n° 47, de Vouziers à Longuyon.			
2	Deuxième communication militaire de Flandres en Allemagne par Aubenton, Launois, Le Chêne, Stenay, Metz, etc..........	7	42,800	18,908
	Routes départementales des Ardennes, n° 1 et n° 4; route nationale, n° 64, de Neufchâteau à Mézières.			
3	Troisième communication militaire de Flandres en Allemagne par Arras, Rosoy, Rethel, Vouziers, Varennes, Clermont, etc..	7	46,331	11,399
	Route nationale, n° 46, de Marle à Verdun.			
4	Route de Paris en Allemagne par Fismes, Reims, Rethel, Mézières, etc..................	7	54,970	»
	Routes nationales : n° 31, de Rouen à Reims; n° 51, de Givet à Orléans.			

CHAPITRE SIXIÈME

NUMÉROS	DÉSIGNATION DES ROUTES	LARGEURS	LONGUEURS totales	à faire à neuf
		toises	toises	toises
5	Route de Paris en Allemagne par Châlons, les Trois-Évêchés, etc.	7	30,143	»
	Route nationale, n° 3, de Paris à Metz.			
6	Route de Paris en Allemagne par Montmirail, Etoges, Châlons, Sainte-Menehould, Clermont, Verdun, etc.................	7	49,321	7,656
	Route nationale, n° 33, de Paris à Châlons par Champaubert.			
7	Route de Paris en Allemagne par Sézanne, Vitry, Heilz-le-Maurupt, Bar-le-Duc, etc.........	7	62,827	32,400
	Route nationale, n° 34, de Paris à Vitry-le-François par Sézanne; route départementale de la Marne, n° 1.			
8	Route de Paris en Franche-Comté et Suisse par Nogent, Troyes, Bar-sur-Aube, Bourbonne, Jussey, etc..............	7	93,207	1,711
	Route nationale, n° 19, de Paris à Bâle (voir C, 281-282, 1099-1105).			

NUMÉROS	DÉSIGNATION DES ROUTES	LARGEURS	LONGUEURS	
			totales	à faire à neuf
		toises	toises	toises
9	Route de Nantes à Strasbourg par Sens, Villeneuve-l'Archevêque, Troyes, Lesmont, Brienne, Joinville, Vaucouleurs, Toul, etc.	7	81,723	22,722
	Route nationale, n° 60, de Nancy à Orléans (voir Archives de l'Aube, C. 283-284, 1106-1111).			
10	Route de Bourgogne et Sens à la frontière de Champagne par Nogent, Le Port, Villenauxe, Sézanne, Epernay, Reims, etc....	7	52,301	20,024
	Route nationale, n° 51, de Givet à Orléans (voir C. 1112, 2079, 2080).			
11	Route de Bourgogne et Auxerre à la frontière par Auxerre, Saint-Florentin, Troyes, Châlons, Vouziers, Sedan, etc............	7	99,572	62,779
	Route nationale, n° 77, de Nevers à Sedan (voir C. 1113-1117)			
12	Route de Bourgogne à la frontière de Champagne par Rouelles, Clairvaux, Brienne, Rosnay, Margerie, Châlons, etc............	7	87,655	25,910
	Routes départementales : de l'Aube, n° 2, de Vitry-sur-Marne à Dijon; de la Marne, n° 6, de Vitry à Bar-sur-Aube ; chemin vicinal de la Marne, n° 9, de Châlons à Blacy (voir C. 285-288).			

NUMÉROS	DÉSIGNATION DES ROUTES	LARGEURS	LONGUEURS totales	à faire à neuf
		toises	toises	toises
13	Route de Paris à Dijon, etc. par Troyes, Bar-sur-Seine, Mussy-l'Évêque, Châtillon, etc.....	7	20,584	»
	Route nationale, n° 71, de Dijon à Troyes (voir Archives de l'Aube, C. 289. 1118-1120).			
14	Route de Flandres en Franche-Comté et Suisse, etc. par le Bac-à-Berry, Reims, Châlons, Vitry, Saint-Dizier, Joinville, Chaumont, Langres, et Fays-Billot...	7	128,364	»
	Routes nationales : n° 44, de Châlons à Cambray ; n° 4, Paris à Strasbourg ; n° 67, de Saint-Dizier à Lausanne.			
15	Route d'Allemagne en Italie par Montmédy, Verdun, Saint-Mihiel, Vaucouleurs, Neufchâteau, Montigny-le-Roy, Langres, Thil-Chatel, Dijon, etc...	7	53,218	»
	Routes nationales : n° 64, de Neufchâteau à Mézières ; n° 74, de Chalon-sur-Saône à Sarguemines.			
	Deuxième classe.			
1	Premier embranchement à gauche du n° 1ᵉʳ, de la demi-lune du Trembloy par Rocroi à Givet. ...	7	8,164	»
	Route nationale, n° 51, de Givet à Orléans.			

NUMÉROS	DÉSIGNATION DES ROUTES	LARGEURS	LONGUEURS totales	à faire à neuf
		toises	toises	toises
1	Branche du 1er embranchement à gauche du n° 1er, allant de Rocroi en Flandres par Marienbourg, etc...	6	2,180	»
	Route départementale des Ardennes, n° 3.			
3	Deuxième embranchement à gauche du n° 3, allant de Vouziers à Stenay par Buzancy.	5	16,058	3,076
	Route nationale, n° 47, de Vouziers à Longuyon.			
»	Abords de Charleville..	7	1,062	»
5	Embranchement à gauche du n° 5, allant à Reims par Mareuil et Louvois.	4	14,414	»
	Route départementale de la Marne, n° 3, de Reims à Epernay.			
»	Abords de la ville de Châlons indépendants des routes.	7	2,100	»
9	Quatrième embranchement à gauche du n° 9, faisant partie de la route de Toul à Verdun (enclave de Brûlé les-Noues)...	6	780	»
	Routes nationales : n° 4, de Paris à Strasbourg; n° 64, de Neufchâteau à Mézières.			

CHAPITRE SIXIÈME

NUMÉROS	DÉSIGNATION DES ROUTES	LARGEURS	LONGUEURS totales	à faire à neuf
		toises	toises	toises
10	Embranchement à droite du n° 10, allant de Vinay par Saint-Martin-d'Ablois et Mareuil-en-Brie à Orbais, ou de Reims à Paris par Epernay, Saint-Martin, Orbais..	6	8,078	1,593
	Route départementale de la Marne, n° 9, d'Epernay à Montmirail.			
14	Premier embranchement à gauche du n° 14, de Saint-Dizier à Bar-le-Duc par Sault-de-Rupt, Baudonvilliers, etc.........	7	3,920	»
	Route départementale de la Haute-Marne, n° 7, de Saint-Dizier à Bar le-Duc.			
14	Deuxième embranchement à gauche du n° 14, de Saint-Dizier à Lingy par Ancerville......	7	1,973	»
	Route nationale, n° 4, de Paris à Strasbourg.			
15	Embranchement à gauche du n° 15, de Longeau par Montauger et Champlitte à Gray et Besançon................	7	6,797	»
	Route nationale, n° 67, de Saint-Dizier à Lausanne.			

PONTS ET CHAUSSÉES

NUMÉROS	DÉSIGNATION DES ROUTES	LARGEURS	LONGUEURS	
			totales	à faire à neuf
		toises	toises	toises

Troisième classe.

NUMÉROS	DÉSIGNATION DES ROUTES	LARGEURS	totales	à faire à neuf
1	Premier embranchement à droite du n° 1er, allant de Mézières au moulin à poudre de Saint-Ponce.	5	2,058	»
	Route nationale, n° 51 de Givet à Orléans.			
3	Embranchement à droite du n° 3, allant de Grandpré à Gratreuil.	4	8,400	»
	Chemin vicinal des Ardennes, n° 6.			
3	Premier embranchement à gauche du n° 3, allant de Varennes à Dun............	5	9,288	3,876
	Route départementale de la Meuse, n° 2, de Bar-le-Duc à Dun.			
5	Embranchement à droite du n° 5, allant de Port-à-Binçon à Saint-Martin-d'Ablois...........	6	5,034	»
	Route départementale de la Marne, n° 5, de Port-à-Binçon à Vertus.			
7	Premier embranchement à droite du n° 7, allant de Tourneloup à Courgivaux......	6	2,000	»
	Route départementale de la Marne, n° 8, de Châlons à Provins.			

NUMÉROS	DÉSIGNATION DES ROUTES	LARGEURS	LONGUEURS	
			totales	à faire à neuf
		toises	toises	toises
7	Deuxième embranchement à droite du n° 7, allant de Méry à Sézanne..................	6	11,202	10,202
	Route départementale de l'Aube, n° 10, de Soissons à Troyes (voir Archives de l'Aube, C. 1125).			
7	Troisième embranchement à droite du n° 7, allant de Vitry-le-Brûlé à Sermaize............	6	9,950	»
	Chemin de grande communication de la Marne, n° 3, de Vitry-le-Français à Andernay.			
8	Embranchement à droite du n° 8, allant de Bourbonne-les-Bains par Pierrefaite à Champlitte...	4	16,326	2,371
	Route départementale de la Haute-Marne, n° 9, de Dijon à Nancy.			
8	Premier embranchement à gauche du n° 8, allant de Méry, par Arcis, Lesmont, Brienne, à Bar-sur-Aube..	4	46,501	»
	Routes départementales de l'Aube, n° 1, de la Belle-Étoile à Lesmont, et n° 2, de Vitry-sur-Marne à Dijon (voir C. 290, 1121-1124).			

PONTS ET CHAUSSÉES

NUMÉROS	DÉSIGNATION DES ROUTES	LARGEURS	LONGUEURS	
			totales	à faire à neuf
		toises	toises	toises
8	Deuxième embranchement à gauche du n° 8, allant de Colombé-les-deux-Eglises par Wassy à Saint-Dizier...............	4	29,533	»
	Route départementale de la Haute-Marne, n° 2, de Saint-Dizier à Colombé-les-deux-Eglises.			
8	Troisième embranchement à gauche du n° 8, allant de Meuse à La Marche...	4	6,872	»
	Chemin vicinal de grande communication de la Haute-Marne, n° 8, de Meuse à La Marche.			
9	Premier embranchement à droite du n° 9, allant de Montiérender par Sommevoire à Bar-sur-Aube........	4	19,200	19,200
	Chemin vicinaux de grande communication de l'Aube, n° 13, de Bar-sur-Aube à Doulevant; et de moyenne communication de la Haute-Marne, n° 4, de Colombé à Nully ; n° 13, de Wassy à Nully (voir Archives de l'Aube, C. 290).			
9	Deuxième embranchement à droite du n° 9, allant de Joinville à Neufchâteau par Poisson.....	4	20,137	9,352
	Chemin vicinal de grande communication de la Haute-Marne, n° 2, de Joinville à Neufchâteau.			

CHAPITRE SIXIÈME

NUMÉROS	DÉSIGNATION DES ROUTES	LARGEURS	LONGUEURS totales	à faire à neuf
		toises	toises	toises
9	Troisième embranchement à droite du n° 9, allant de Bonnet à Neufchâteau, par Gondrecourt.	4	2,162	»
	Route nationale, n° 66, de Bar-le-Duc à Bâle.			
9	Quatrième embranchement à droite du n° 9, allant de Vaucouleurs à Vézelize	4	810	»
	Route départementale de la Meuse, n° 14, de Vaucouleurs à Vézelize.			
9	Premier embranchement à gauche du n° 9, allant de Montiérender à Vitry-le-Français, et faisant suite avec le premier embranchement à droite du n° 9 ci-devant	4	17,203	9,980
	Route départementale de la Marne, n° 2, de Vitry à Montiérender.			
9	Deuxième embranchement à gauche du n° 9, allant de Joinville à Saint-Dizier par Chevillon et la rive droite de la Marne.	4	16,397	»
	Route nationale, n° 67, de Saint-Dizier à Lausanne.			
9	Troisième embranchement à gauche du n° 9, allant de Bonnet à Ligny.	4	3,127	»
	Route nationale, n° 66, de Bar-le-Duc à Bâle.			

NUMÉROS	DÉSIGNATION DES ROUTES	LARGEURS	LONGUEURS	
			totales	à faire à neuf
		toises	toises	toises
12	Embranchement à droite du n° 12, allant de Boudreville, par Courban, la Chassaigne, à Châtillon, où il joint le n° 13........	4	2,109	»
	Route nationale, n° 65, de Neufchâteau à Bonny-sur-Loire.			
12	Embranchement à gauche du n° 12, allant de Clairvaux à Chaumont par Rennepont et Gillancourt...................	4	8,600	5,872
	Chemins de grande communication de l'Aube, n° 10, d'Essoyes à la Haute-Marne, et de la Haute-Marne, n° 15, de Chaumont à Clairvaux.			
13	Embranchement à droite du n° 13, allant des Maisons-Blanches à Chaource............	4	11,010	6,182
	Route départementale de l'Aube, n° 6, de Troyes à Tonnerre (voir Archives de l'Aube, C. 1127-1127).			
14	Premier embranchement à droite du n° 14, allant de Villiers à Blaise...................	4	6,429	»
	Chemin vicinal de grande communication de la Haute Marne, n° 10, de Blaise à Vignory.			

NUMÉROS	DÉSIGNATION DES ROUTES	LARGEURS	LONGUEURS totales	à faire à neuf
		toises	toises	toises
14	Deuxième embranchement à droite du n° 14, allant de Humes, par Arc-en-Barrois, à Longuet, où il rejoint le n° 12..........	4	6,937	2,195
	Route départementale de la Haute-Marne, n° 3, de Langres à Châtillon-sur-Seine.			
»	Abords de la ville de Troyes indépendants des routes........	7	1,321	»

RÉCAPITULATION.

	LONGUEURS totales	à faire à neuf
Première classe..........	934,020	203,409
Deuxième classe.	65,546	4,669
Troisième classe..........	262,615	69,230
Totaux........	1,262,181 ou 631^l 181^t	277,308 ou 138^l 1/2 308^t

La longueur des routes de toute la généralité de Champagne, déduction faite des parties à construire à neuf, était, en 1787, de 984,873 toises, équivalant à 1,918,925 mètres, soit, en nombres ronds, à 1,919 kilomètres pour une circonscription territoriale qui correspond à environ quatre départements. Ce développement est inférieur de 156 kilomètres à celui des routes et des chemins de grande communication et d'intérêt commun du département de l'Aube où l'on comptait, en 1877 :

Routes nationales................	379 kilom.
— départementales...........	383 —
Chemins de grande communication..	521 —
Chemins d'intérêt commun........	790 —
Total..........	2.075 kilom.

La part afférente au département de l'Aube dans les grands chemins construits par l'ancienne administration des ponts et chaussées ne devait être que d'environ le quart de 1,919 kilomètres, soit 480 kilomètres, au lieu de 2075 que ce département possède aujourd'hui. Ces chiffres disent assez le progrès qui s'est accompli ; mais ce progrès n'étonnera personne.

Le seul reproche grave qu'il ait été fait à l'ancienne administration des ponts et chaussées est d'avoir inventé, afin d'entretenir les grandes routes, la corvée royale, charge énorme pour les habitants des campagnes au XVIII° siècle (1). Il est certain, en effet, qu'en Champagne nous ne voyons pas avant 1726 la corvée des grandes routes fonctionner d'une manière générale et méthodique (2), et c'est en 1729 que nous rencontrons pour la pre-

(1) Vignon, t. III, 1re partie.
(2) Archives de l'Aube, C. 1094.

mière fois, dans la même province, un personnel chargé de la direction des corvéables (1). Mais on trouvera dans la liasse C. 1106, la preuve que dès le ministère de Sully, alors grand-voyer de France, plus d'un siècle avant la nomination des premiers ingénieurs des ponts et chaussées de Champagne, bien des années avant que les intendants n'aient commencé à s'occuper des routes, on recourait à la corvée pour mettre les chemins en état (2). Seulement à cette époque, on ne réparait les voies de communication que de loin en loin, quand les réclamations des voyageurs semblaient en faire une nécessité. Il était donc assez rare que le service des ponts et chaussées rendit nécessaire l'emploi des corvéables. Quand au contraire les routes furent régulièrement entretenues, les corvées prirent un caractère de périodicité inconnu jusqu'alors, et par là devinrent fort onéreuse aux populations rurales. Mais si la pratique avait changé, il n'y avait en droit aucune innovation.

(1) Vignon, t. II, 2ᵉ partie, p. 110.
(2) La pièce à laquelle nous renvoyons ici a été publiée par M. Albert Babeau, *Le Village sous l'ancien régime,* 2ᵉ édition, p. 378-381. Il serait facile de faire remonter en France la corvée royale plus haut, et il est singulier que M. Vignon, qui a réimprimé des capitulaires carlovingiens relatifs à la corvée des grands chemins, n'ait pu trouver à la corvée royale du xviiiᵉ siècle d'autre origine que la corvée féodale, ou la réquisition militaire. Mais cette question est en dehors de notre sujet.

CHAPITRE VII

POLICE

Rien de plus varié que les attributions des intendants en matière de police. La police dans un sens large peut comprendre presque toute l'administration (1), mais si nous prenons ce mot dans le sens plus étroit qu'on lui donne vulgairement aujourd'hui, nous verrons que les attributions des intendants, en cette matière, peuvent se considérer au point de vue des affaires ecclésiastiques, de l'instruction publique, de la presse, de la santé publique, du commerce des denrées alimentaires, des précautions à prendre contre les incendies, des postes et des messageries, des lettres de cachet, des demandes de renseignements faites par l'autorité supérieure, de la répression des crimes, délits et contraventions ; enfin nous parlerons du personnel chargé de la police sous les ordres des intendants.

(1) *Traité de la Police*, par Nic. de La Mare.

§ I. AFFAIRES ECCLÉSIASTIQUES (1)

Nous signalerons d'abord les documents relatifs à la part qu'ont eu les intendants et leurs subdélégués à la persécution des protestants, notamment le procès-verbal de démolition du temple de Saint-Mards-en-Othe, en 1685 (2). Plus tard il n'est plus question de protestants, ce sont les jansénistes qui sont l'objet des rigueurs de l'administration, et l'administration a encore ici pour agents les intendants et leurs subdélégués (3). Mais un revirement se produit, et l'autorité, devenue favorable aux jansénistes, agit contre les membres du clergé qui leur refusent les sacrements ; les instruments de cette persécution nouvelle sont toujours les intendants et leurs subdélégués (4). Les intendants sont, sur la réquisition des évêques, les vengeurs de la morale violée par des membres du clergé séculier, ou par des religieux. Une maison de force est établie à cet effet au monastère du Hayer de Chennegy (5). L'intendant se fait prévenir par son subdélégué de la vacance des abbayes auxquelles le Roi a droit de nommer (6), il surveille les élections dans celles où le concordat de 1516 a maintenu le droit électoral des moines (7). Les abbayes et les prieu-

---

(1) Les documents conservés aux Archives départementales peuvent former un utile complément de ceux qui ont été réunis par M. Depping, *Correspondance administrative de Louis XIV*, t. IV, p. 79 et suivantes.
(2) Archives de l'Aube, C. 1143.
(3) Archives de l'Aube, C. 1143-1144, 1294.
(4) Archives de l'Aube, C. 1144.
(5) Archives de l'Aube, C. 1323.
(6) Archives de l'Aube, C. 1147.
(7) Archives de l'Aube, C. 489.

rés sont comme les communautés séculières placées sous sa tutelle, ou sous la tutelle de ses subdélégués (1). C'est par-devant le subdélégué de Troyes qu'est passé le procès-verbal d'adjudication des matériaux après démolition du cloître d'Isle-Aumont, qui devait remonter à la fin du xie siècle et dont un plan est conservé dans nos archives (2) ; la démolition des maisons abbatiales de Larrivour et de Montiéramey est précédée d'une enquête par le suddélégué de Troyes (3) ; la nomination d'un économe à l'abbaye de Macheret fait l'objet d'une correspondance entre l'intendant, son subdélégué et le ministre Amelot : on ne peut, sans consulter les archives des intendances, connaître à fond les derniers temps de l'histoire de nos vieilles institutions bénédictines et cisterciennes. La surveillance des intendants s'étend aux congrégations hospitalières, aux chapitres ; et les archives de l'intendant de Champagne donnent notamment des renseignements sur l'hospice Saint-Esprit de Bar-sur-Aube (4), sur les chapitres de Mussy (5), de Lirey (6) et de Troyes (7). En 1768, le personnel du premier de ces établissement se composait en tout de trois religieuses et de quatre vieilles pauvres nourries par charité. C'est à l'intendant que s'adressent les habitants de Mussy pour empêcher l'évêque de Langres de supprimer la collégiale de leur petite ville. L'intendant fait un rapport au garde des sceaux sur les contestations qui se sont élevées entre le

(1) Voir à ce sujet Dareste, *La Justice administrative en France*, p. 152.
(2) Archives de l'Aube, C. 1121-1122.
(3) Archives de l'Aube, C. 1142, 1570.
(4) Archives de l'Aube, C. 347.
(5) Archives de l'Aube, C. 739.
(6) Archives de l'Aube, C. 1170.
(7) Archives de l'Aube, C. 1848, cf. G. 2562.

doyen et les chanoines de Lirey. Il s'occupe des progrès du jansénisme dans le chapitre de Troyes et surveille l'élection du doyen. Enfin c'est souvent à l'intendant que s'adressent les paroissiens mécontents de leur curé, les curés mécontents de leurs paroissiens (1).

§ II. INSTRUCTION PUBLIQUE

Nous laisserons de côté l'instruction secondaire ou du moins en ce qui la concerne, nous nous bornerons à une seule observation. Au xviiie siècle, dans la portion du département de l'Aube, qui dépendait de l'intendance de Champagne et qui possède aujourd'hui un collége et un lycée, il y avait six colléges, ceux de Troyes, Bar-sur-Aube (2), Brienne (3), Chaource (4), Mussy-sur-Seine (5), Vendeuvre (6) ; dans la partie du département qui dépendait des intendances de Paris et de Dijon et qui n'a aujourd'hui ni lycée ni collége, il y avait trois colléges : ceux de Nogent-sur-Seine, d'Ervy (7) et de Bar-sur-Seine (8). Nous dirons quelques mots de l'instruction primaire dans les villages.

On aurait grand tort de croire que l'instruction primaire en France date du xixe siècle. Dès le xviie, la

(1) Archives de l'Aube, C. 1308, 1338, 1466, 1588.
(2) Archives de l'Aube, C. 365.
(3) Archives de l'Anbe, C. 414, 448.
(4) Archives de l'Aube, C. 474, 475.
(5) *Histoire de Mussy-sur-Seine*, par Ch. Lambert.
(6) Archives de l'Aube, C. 899.
(7) Archives de l'Aube, C. 2105, 2106, 2139.
(8) Archives de Bar-sur-Seine, BB. 6, 15; CC. 6. Le principal, en 1771, avait cent cinquante livres de gages payés par la ville, plus cinquante sous par élève et par mois payés par les parents.

plupart des paroisses du département de l'Aube avaient leur recteur d'école, on peut le constater par le dépouillement 1° des rôles de taille, conservés dans les archives départementales, 2° des registres de l'état civil qui se trouvent soit dans les archives judiciaires soit dans les archives communales (1). L'article 9 de la déclaration du 13 décembre 1698 confirmé par l'article 5 de la déclaration du 14 mai 1724 (2) prescrivit qu'il serait établi des maîtres et des maîtresses d'école dans toutes les paroisses qui n'en avaient point, et qu'à défaut d'autres revenus il serait imposé sur les habitants 150 livres pour servir d'appointements au maître, 100 livres pour servir d'appointements à la maîtresse d'école. Peu de maîtresses d'école furent créées ; nous citerons cependant celles de Rosnay (3), de Vendeuvre (4) et de Croncels (5). Mais il est évident qu'au xviii° siècle il existait un maître d'école dans chaque paroisse. On n'avait pas le droit d'exercer cette profession sans l'autorisation de l'évêque (6) ; cette autorisation pouvait être retirée ; nous trouvons l'exemple d'un maître d'école interdit par l'évêque et qui, voulant continuer à enseigner, est menacé de la prison par l'intendant (7). Les communautés dont l'école était vacante avaient le choix entre les candidats pourvus de la licence épiscopale, et débattaient avec eux, de gré à gré, les

(1) Voir aussi l'article 14 de l'édit de décembre 1606 (Isambert, XV, 307) et l'article 25 de l'ordonnance d'avril 1695, sur la juridiction ecclésiastique, Isambert XX, 251.
(2) Isambert, XX, 317, XXI, 363 ; La Poix de Fréminville, *Traité du gouvernement des biens et affaires dec communautés d'habitants*, p. 490-498.
(3) Archives de l'Aube, C. 821.
(4) Archives de l'Aube, C. 899.
(5) Archives de l'Aube, C. 1353.
(6) Voir les ordonnances déjà citées et Guyot, *Répertoire*, VI, 624.
(7) Archives de l'Aube, C. 1217.

conditions des traités qu'lles concluaient avec les maîtres élus ; toutefois ces traités ne devenaient obligatoires qu'après l'approbation de l'intendant. La plupart du temps ils réduisent à 5 sols le montant de la taille des maîtres (1). Rien n'est varié du reste comme la rétribution qu'ils leur allouent et comme les charges qu'ils leur imposent. La rétribution est payée soit par la communauté, soit par la fabrique, soit par les habitants, soit par une fondation, soit par tous ces moyens réunis ; dans un grand nombre de cas, un logement y est joint ; on trouve aux archives de l'Aube sous la cote C. 1284 le plan d'une maison d'école soumis à l'intendant. Souvent les maîtres doivent remonter l'horloge, faire le service de l'église, sonner les cloches pendant l'orage, s'occuper en un mot d'une foule de choses étrangères à l'enseignement. Il existe aux archives de l'Aube plusieurs de ces traités (2). Nous en donnons ici un comme exemple. Nous appellerons surtout l'attention sur la disposition qui fixe à sept mois seulement la durée de l'année scolaire. Cette longueur exagérée des vacances et l'ignorance ou l'incapacité des maîtres d'école sont les causes qui nous expliquent la médiocrité des résultats de leur enseignement. En 1731 le subdélégué de Bar-sur-Aube écrivait à l'intendant que dans le ressort de la subdélégation il n'y avait pas le quart des syndics de communauté qui sussent lire et écrire (3).

(1) Sur ce privilége voir La Poix de Fréminville, *Traité du gouvernement des biens et affaires des communautés d'habitants*, p. 240-241. Voir aussi C. 1388.
(2) Voir Archives de l'Aube, C. 340, 474, 545, 658, 913, 1214, 1312, 1428, etc.
(3) Archives de l'Aube, C. 344.

L'an mil sept cent soixante-huit, le quatrième jour du mois de septembre, par-devant nous, Jacques Maury, lieutenant ès justice et mairie d'Isle-sous-Ramerupt, étant au lieu accoutumé à tenir les assemblées à heure de dix du matin, assisté de notre greffier ordinaire.

Sont comparus : maître Charles-Antoine Guyot, prêtre, curé de Ramerupt et Isle, son annexe, maître Gabriel Chifflard, procureur fiscal en ladite justice et syndic, et les principaux habitants dudit lieu et autres qui nous ont dit qu'il est nécessaire d'avoir un maître d'école en ladite paroisse, au lieu et place de celui qui y était auparavant, pour l'entretien du service divin et l'instruction de la jeunesse. Pour quoi il nous aurait présenté la personne de Claude Noël, recteur des petites écoles de la paroisse d'Ozon, et autorisé de Claude Noël son père, recteur d'école ci-devant de la paroisse de Vinet, ci-présent pour l'effet des présentes ; lesquels ensemblement et solidairement pour la fonction et exercice de maître d'école, en ladite paroisse, pendant le temps et espace de trois, six ou neuf années consécutives l'une après l'autre, à commencer au premier jour du mois de novembre prochain ; ce qu'auraient accepté lesdits Noël, sous les rétributions à eux accordées, savoir : la somme de cent cinquante livres pour le fixe par chacun an à recevoir du syndic en charge ; douze livres à recevoir des fondations, payables par le marguillier en charge. Lui sera payé quatre sols par chaque mois pour ceux qui assembleront leurs lettres et qui commenceront à lire, et cinq sols pour ceux qui écriront et liront ès papiers. Plus lui sera payé pour l'enterrement des gros corps y compris quarantaine et bout de l'an quarante sols, dix sols pour l'enterrement des petits enfants, compris la messe haute, vingt sols pour son assistance aux fiançailles et mariages. Lui sera payé pour le port de l'eau bénite cinq sols par chacun an, et par chaque ménage. Jouira ledit Noël de la maison et dépendances, accin et jardin destiné au maître d'école, excepté le cabinet neuf et une écurie (ces deux pièces réservées pour monsieur le curé), aux charges par lui, lorsque ladite maison lui aura été mise en bon et suffisant état, de l'entretenir de pel et torche, et de fournir en cas de besoin un quarteron de gerbes par chacun an à ses frais.

Jouira en outre d'une denrée de vigne attachée à ladite maîtrise, toutefois en l'entretenant de toutes les façons, savoir : trente provins par chacun an, de la bien fumer et paisseler. Sera de plus ledit Noël, exempt de toutes charges publiques et même de taille. Pourquoi s'oblige de se trouver assidument à tous les services qui se feront dans ladite paroisse ; de tenir l'école au premier octobre de chaque année jusqu'au 1er mai ; de chanter les vêpres les veilles de dimanches et fêtes, de bien instruire les enfants, leur apprendre leurs prières, catéchisme, tant à l'école qu'à l'église, les jours de dimanches et fêtes, comme aussi à lire, écrire, calculer, additionner, les règles de l'arithmétique, de les instruire à bien servir la messe, et ceux qui seront capables de chanter au lutrin, les répons et versets qui conviendront de chanter, et au cas qu'il n'y eût point de sonneur, s'oblige à sonner l'Angelus, le matin, à midi et le soir, et de faire la prière pendant le courant de l'école tous les jours, après l'école de l'après-midi ; à l'église, de faire la prière publique suivant l'usage pendant le carême à l'heure la plus commode pour lesdits habitants, de suivre les règlements du sieur curé qu'il a souscrits et celui de monseigneur l'évesque, de mener et conduire l'horloge. De tout ce que dessus et de quoi nous avons fait acte ; promettons respectivement tenir et entretenir tout ce que dessus à peine de tous dépens, dommages intérêts. Et s'est soussigné ledit sieur curé avec nous juge, procureur fiscal et greffier, syndic et principaux habitants et autres qui ont pu signer, et quant aux autres ont déclaré ne le savoir, et de ce interpellés suivant l'ordonnance ; et se sont lesdits Noël soussignés, et sera la présente contrôlée à la diligence de notre greffier à peine de l'édit, aux frais de la communauté. Signé enfin sur la minute : Guyot, curé de Ramerupt et d'Isle. C. Noël, C. Noël, Maury, Chifflard, L. Cousin, N. Maurau, syndic. Luc Gallair, Mullat, C. Bertrand, R. Aubert, Jean Philippe, Réné Houssie, I. Morau, A Desbouy, J.-B. Desbouy, E Aubert, Réné Guilletin, P. Félix, Choiselat, tous avec paraphe. Ensuite et écrit : contrôlé au bureau de Ramerupt, le dix septembre mil sept cent soixante-huit. Reçu une livre six sols. Signé : Merlin, avec paraphe.

Fait et expédié la présente copie conforme à la minute par moi greffier ordinaire en ladite justice et mairie d'Isle et délivré au susdit procureur syndic, ce requérant pour lui servir et valoir ce que de raison.

L'an et jours susdits.

Signé : L. COUSIN (1).

§ III. PRESSE

A peine Laffemas est-il en fonctions que le clergé de Troyes lui demande la permission de faire poursuivre les auteurs d'un libelle. Plus tard, en exécution d'ordres des intendants, les subdélégués de Troyes font chez les libraires et les imprimeurs de cette ville des perquisitions dont une est suivie de saisie. Cette saisie est la conséquence d'une suppression ordonnée par arrêt du Conseil. L'intendant est chargé par le ministre de signifier à un auteur défense de faire imprimer un livre. Un imprimeur demandant le titre d'imprimeur du roi, l'intendant est chargé par le ministre de faire une enquête (2).

§ IV. SANTÉ PUBLIQUE

L'intendant envoie aux subdélégués des boîtes de remède à répartir entre les communautés d'habitants, une notice sur le traitement du ver solitaire, une ins-

---

(1) Une étude approfondie sur le sujet que nous venons d'effleurer dans ce paragraphe, a été publiée par M. Albert Babeau dans l'*Annuaire de l'Aube* pour 1876, seconde partie, p. 1-84. Elle est intitulée : *L'instruction primaire dans les campagnes avant 1789, d'après les documents tirés des archives communales et départementales de l'Aube*. Ce mémoire a été tiré à part.

(2) Archives de l'Aube, C. 347, 1150,

truction sur l'inoculation de la petite vérole. Quand une épizootie survient, le subdélégué charge un vétérinaire de la soigner et l'apothicaire qui a fourni les drogues adresse son mémoire au subdélégué. En cas d'épidémie l'intendant envoie sur les lieux un médecin et un chirurgien. Le syndic de Faux-Villecerf ayant insulté un médecin et un chirurgien qui avaient une mission de ce genre, l'intendant le destitue et le condamne à un mois de prison. L'intendant organise des cours d'accouchement dont il nomme les professeurs. Un nouveau traitement sur l'épilepsie donne lieu à une correspondance entre le ministre, l'intendant et le subdélégué de Troyes tous également compétents. L'intendant ordonne les tracs d'animaux malfaisants. Le subdélégué fait abattre les chevaux morveux C'est par l'entremise de l'intendant et de ses subdélégués que le ministre exerce la surveillance sur les administrations hospitalières, sur leur comptabilité, sur leurs bâtiments et même sur leurs médecins, que le roi révoque malgré les administrateurs ou rétablit dans leurs fonctions quand les administrateurs les ont destitués (1).

§ V. COMMERCE DES DENRÉES ALIMENTAIRES.

Nous n'entrerons pas dans le détail des règlements restrictifs dont le commerce des grains a été l'objet au siècle dernier jusqu'à l'arrêt du Conseil du 13 septembre 1774 (2), qui lui a donné la liberté. On peut consulter

(1) Archives de l'Aube, C. 295, 297, 352, 1156-1160, 1164-1169, 1273, 1298, 1889-1894.
(2) Voir cet arrêt dans Guyot, *Répertoire*, VIII, 251-255; Isambert, XXIII, 30-39.

là-dessus les travaux spéciaux (1). Nous signalerons seulement la part prise par les intendants à l'exécution des dispositions illibérales abrogées par l'arrêt du 13 septembre 1774 (2). Nous indiquerons aussi la surveillance exercée par eux sur la taxe du pain (3).

§ VI. PRÉCAUTIONS A PRENDRE CONTRE LES INCENDIES

Deux mesures ont été employées contre les incendies sous l'administration des intendants : on a cherché à diminuer le nombre des toitures en paille, et à pourvoir les communautés des appareils nécessaires pour éteindre le feu. Dans quelques localités l'emploi de la paille comme couverture a été interdite; partout une décharge de taille était accordée aux particuliers qui remplaçaient une couverture en paille par une couverture en tuiles (4). Un certain nombre de communautés furent pourvues de pompes à incendie (5). Les incendiés obtenaient décharge de la taille, et des secours; quelquefois même des corvées étaient prescrites en leur faveur (6).

---

(1) Ch. Coquelin et Guillaumin, *Dictionnaire de l'Économie politique*, au mot *Céréales* (t. I, p. 301 et suivantes). On étudiera avec fruit, sur ce sujet, Delamare, *Traité de la Police*, 2ᵉ édition, I, 613-956.

(2) Archives de l'Aube, C. 299, 1178, 1179, 1340, 1909.

(3) Archives de l'Aube, C. 299, 355, 1180, 1910-1912.

(4) Archives de l'Aube, C. 1254, 1256, 1266, 1302, 1320, 1390, 1654.

(5) Archives de l'Aube, voir notamment C. 362, 901, 1183, 1459, 1462, 1584.

(6) Archives de l'Aube, voir notamment C. 1203, 1428, 1462, 1537, 1624.

§ VII. POSTES ET MESSAGERIES (1)

Ces deux services étaient dans les attributions des intendants. Les pièces conservées aux archives de l'Aube nous montrent les intendants occupés des contestations entre les maîtres de poste et les voyageurs, entre les loueurs de voiture et les maîtres de poste, entre les courriers des dépêches et les messagers. C'est à l'intendant qu'on s'adresse pour demander l'établissement de postes aux chevaux sur une route nouvellement créée, pour faire respecter la franchise postale dont jouissent certains fonctionnaires, pour faire retrouver par les messageries les colis égarés, etc. (2).

§ VIII. LETTRES DE CACHET (3)

C'était par l'intermédiaire des intendants que les ministres s'assuraient de l'opportunité des lettres de cachet demandées, par exemple, par des parents qui voulaient faire enfermer leurs enfants ; c'était par l'intermédiaire de l'intendant que les lettres de cachet présentant un intérêt politique ou privé parvenaient d'ordinaire à leur destination (4). Telles furent les lettres de cachet

---

(1) Sur les attributions judiciaires des intendants en matière de postes et de messageries, voir Dareste, *La Justice administrative en France*, p. 131-132. Sur les postes et les messageries, voir aussi Delamare, *Traité de la Police*, 2ᵉ édition, V. 532-627 ; Guyot, *Répertoire*, XI, 478-490, XIII, 210-216.
(2) Archives de l'Aube, C. 296, 471, 1162, 1163, 1611.
(3) Sur les lettres de cachet, voir Guyot, *Répertoire*, X, 479.
(4) Archives de l'Aube, C. 294, 347, 501, 1144, 1286.

qui exilèrent à Méry-sur-Seine l'évêque Poncet de la Rivière. L'intendant qui n'aurait osé sans ordre du Roi faire arrêter un évêque, prend sur lui de faire mettre en prison, sans lettre de cachet, un jeune homme qui veut épouser une jeune fille malgré la famille de celle-ci (4).

§ IX. DEMANDES DE RENSEIGNEMENTS PAR L'AUTORITÉ SUPÉRIEURE

L'intendant et son subdélégué étaient les correspondants naturels des ministres quand ceux-ci désiraient savoir d'une manière exacte la vérité sur un objet quelconque. On voit, par exemple, dans la liasse C. 1152, le subdélégué de Troyes établir, à la demande de deux ministres, la généalogie de deux familles dont l'une descendait d'un fils bâtard d'Henri III.

§ X. RÉPRESSION DES CRIMES, DÉLITS ET CONTRAVENTIONS DIVERSES

De droit commun, cette répression était dans les attributions de l'autorité judiciaire. Cependant, les intendants avaient la police du roulage (1). Ils surveillaient les tribunaux ordinaires. Ils exerçaient en toute sorte de matière le droit de faire arrêter et de retenir en prison les coupables comme ils le jugeaient à propos ; les documents qui l'établissent sont en trop grand nombre pour avoir besoin d'être cités. Dans les procès criminels, ils

(4) Archives de l'Aube, C. 569.
(1) Archives de l'Aube, C. 275-278.

intervenaient eux et leurs subdélégués comme officiers de police judiciaire, quand ces procès étaient évoqués au Conseil d'État (1).

Ils avaient la surveillance des dépôts de mendicité (2), celle des prisons. On trouve dans la liasse C. 365 le règlement de la prison de Bar-sur-Aube, que l'on pourra comparer à celui de La Force, contenu dans l'arrêt de règlement du 17 février 1782 (3). On remarquera qu'à Bar-sur-Aube le geôlier, au lieu de recevoir des appointements, payait à l'État une redevance annuelle. Ce fait s'explique par les articles suivants :

Le geolier aura soin de ne pas laisser prendre aux prisonniers du vin et eau-de-vie par excès. Il ne leur vendra aucune marchandise ou denrée qu'elle ne soit de poids et de bonne qualité et au prix raisonnable. Il ne leur laissera acheter ni prendre du tabac à fumer. Les prisonniers pourront se faire apporter leurs vivres et nécessités du dehors sans être contraints d'en prendre du geolier, cabaretiers ou autres. Sera néanmoins visité ce qui sera apporté sans être gâté ni diminué.

Les prisonniers qui couchent sur la paille ne paieront aucun droit d'entrée ni de sortie de prison, mais paieront seulement un sol par jour au geolier, qui sera tenu de leur fournir de la paille fraîche et de vider et brûler la vieille tous les premier et quinzième jour de chaque mois.

Les prisonniers qui coucheront sur les lits, s'ils couchent seuls, paieront quatre sols par jour, et s'ils couchent ensemble, ils paieront chacun deux sols. Ils paieront dix sols pour l'entrée et dix pour la sortie.

(1) Archives de l'Aube, C. 1343.
(2) Sur l'institution des dépôts de mendicité en 1724, voir Guyot, *Répertoire*, XI, 465. L'article *Mendicité* du *Dictionnaire de l'Économie politique*, de MM. Coquelin et Guillaumin, II, 153-154, ne parle pas des efforts faits au xviii° siècle par le gouvernement monarchique pour faire disparaître la mendicité ; voir sur ce sujet, Archives de l'Aube, G. 1151, 1893-1896.
(3) Voir cet arrêt dans Guyot, *Répertoire*, XIII, 664-666.

§ XI. Personnel chargé de la police sous les ordres des intendants

Ce personnel était la maréchaussée que nous appelons aujourd'hui gendarmerie. Le nom de maréchaussée provient de ce que ce corps avait pour chefs suprêmes les maréchaux de France (1). La maréchaussée, comme aujourd'hui la gendarmerie, avait ceci de caractéristique, que, tout en appartenant à l'armée, elle faisait son service sur la réquisition des autorités administratives et judiciaires ; on peut aussi remarquer qu'elle était dispersée sur la surface du royaume par détachements, chacun beaucoup moins considérable que les détachements de l'armée active, mais beaucoup plus nombreux.

L'origine de la maréchaussée remonte au XIVe siècle, où nous trouvons un prévôt des maréchaux allant à la suite des armées pour réprimer les crimes et délits commis par les gens de guerre (2). Les crimes et délits commis par des personnes étrangères à l'armée n'étaient point d'abord dans les attributions du prévôt des maréchaux (3). Mais au XVIe siècle des lettres patentes de François Ier supprimèrent cette restriction (4). Dès le commencement de ce siècle, le prévôt des maréchaux avait dans chaque province un lieutenant délégué par lui ;

---

(1) Un des plus anciens règlements de la maréchaussée se trouve dans Isambert, XI, 684-686.

(2) Lettres patentes du 13 décembre 1374 citées par Delamare, *Traité de la Police*, 2e édition, I, 231.

(3) Lettres patentes du 28 décembre 1481, et de janvier 1514, citées par Delamare, *Traité de la Police*, I, 231-232.

(4) Lettres patentes du 25 janvier 1536, citées par Delamare, *Traité de la Police*, I, 231. Voir aussi celle du 5 février 1549, *ibidem*, p. 233.

bientôt ces lieutenants, qui portaient aussi le titre de prévôts provinciaux des maréchaux, virent leurs fonctions érigées en titre d'office et tinrent leurs pouvoirs directement du Roi. L'édit de novembre 1554 fixa leur nombre à quatorze, parmi lesquels se trouvait le prévôt des maréchaux de Champagne (1).

En 1665 la maréchaussée était en Champagne organisée ainsi qu'il suit :

A Châlons résidait 1° un prévôt général créé en 1641, et dont l'autorité s'étendait à toute la Champagne et de plus aux Trois-Évêchés ; il avait trois lieutenants, des assesseurs, quatre exempts, trente-deux archers et un greffier ; près de lui se trouvait un procureur du Roi ; — 2° un prévôt provincial, dont la charge remontait au XVIᵉ siècle, mais dont le titulaire était le même que le prévôt général, et qui avait deux lieutenants, des assesseurs, trois exempts, trente-six archers et deux greffiers ; un procureur du Roi complétait ce corps ; — 3° une compagnie de robe courte.

A Troyes, 1° une résidence particulière de maréchaussée, savoir : un lieutenant du prévôt provincial, avec deux assesseurs, un procureur du Roi, un exempt, vingt-deux archers et un greffier ; 2° une compagnie de robe courte, créée en 1554, composée d'un lieutenant, de deux offices d'assesseurs réunis sur la même tête, d'un procureur du Roi, d'un exempt, de seize archers et d'un greffier.

A Langres, comme à Troyes, une résidence particulière et une compagnie de robe courte.

Les villes de Rethel, de Vitry et de Joinville avaient une résidence particulière seulement.

---

(1) Delamare, *Traité de la Police*, I, 234.

Reims, Bar-sur-Aube, Chaumont, Sézanne, Épernay, Châtillon-sur-Marne, Sainte-Menehould, Saint-Dizier possédaient chacune une compagnie de robe courte, mais point de résidence particulière (1).

Ainsi en 1665 la maréchaussée avait en Champagne des agents dans seize localités, dont deux seulement, Troyes et Bar-sur-Aube, appartenaient au département de l'Aube, et ces agents formaient deux corps distincts, celui de robe longue et celui de robe courte. L'édit de mars 1720 supprima cette distinction et créa pour toute la France trente compagnies de maréchaussée. L'ordonnance du 28 avril 1778 substitua les titres de maréchal des logis et de brigadier à celui d'exempt, et le titre de cavalier à celui d'archer, et organisa la maréchaussée à peu près comme l'est aujourd'hui la gendarmerie (2). Ce que cette ordonnance eut aussi de remarquable, c'est qu'elle prescrivit l'établissement de casernes pour loger les brigades. Nos archives contiennent un nombre considérable de documents relatifs à la construction de ces casernes. Bar-sur-Aube, Brienne-le-Château, Vendeuvre-sur-Barse dans la subdélégation de Bar-sur-Aube, Arcis-sur-Aube, Méry-sur-Seine et Villenauxe dans la subdélégation de Troyes possédaient des casernes de maréchaussées en 1789 (3). Quelques-unes de ces casernes remontaient plus haut que l'ordonnance de 1778. Ainsi la brigade de Villenauxe créée par ordonnance du 20 septembre 1769, paraît avoir été casernée presque aussitôt. Les brigades de Troyes

---

(1) Bibliothèque nationale, 500 de Colbert, 273.

(2) Guyot, *Répertoire*, XI, 295-321 ; Isambert, XXV, 280-284. Il y a cependant entre la maréchaussée et la gendarmerie cette différence fondamentale que la maréchaussée avait une juridiction, tandis que les gendarmes sont seulement officiers de police judiciaire.

(3) Archives de l'Aube, C. 348, 350, 450, 451, 897, 898, 1198-1202, 1541-1547, 2008.

n'avaient pas encore de casernes, paraît-il, en 1789 (1). A cette date la maréchaussée de Champagne formait une compagnie divisée en cinq lieutenances et quarante trois brigades, comme il suit :

LIEUTENANCE DE CHALONS.

Châlons, trois brigades.
Epernay, Sézanne, Dormans, Vertus, Etoges, Sommesous, Louvois, chacun une brigade.

LIEUTENANCE DE TROYES.

Troyes, deux brigades.
Bar-sur-Aube, Méry sur-Seine, Arcis-sur-Aube, Montiérender, Brienne-le-Châtel, Villenauxe, Vendeuvre, chacun une brigade.

LIEUTENANCE DE SAINTE-MENEHOULD.

Sainte-Menehould, Saint-Dizier, Vitry, Grandpré, Auve, Possesse, chacun un brigade.

LIEUTENANCE DE REIMS.

Reims, deux brigades.
Réthel, Maubert-Fontaine, Mohon, Fisme, Suippe, Launois, Lechène, chacun une brigade.

LIEUTENANCE DE LANGRES.

Langres, Chaumont, Joinville, Vaucouleurs, Bourbonne, Prautoy, Montigny-le-Roi, Vignory, Bonnet, chacun une brigade.

Le nombre des brigades et des résidences de gendarmerie paraît avoir été à cette époque en Champagne à peu près le tiers de ce qu'il est aujourd'hui.

(1) Archives de l'Aube, C. 1831.

CHAPITRE VIII

ADMINISTRATION COMMUNALE

Les communautés d'habitants, sous l'ancienne monarchie, se distinguaient en deux classes : les unes, en petit nombre, considérées comme villes, avaient à leur tête une commission administrative, qui dans le nord de la France, portait ordinairement le nom d'échevinage et dont les membres prenaient la qualité d'échevins, sauf quelquefois le président qui se distinguait par le titre de maire. Les archives de l'Aube nous montrent des échevinages constitués dans la partie du département qui dépendait de l'intendance de Champagne, à Bar-sur-Aube (1), à Chaource (2), à Méry (3), à Mussy (4), à Troyes, à Villenauxe (5). Les échevinages constituaient une sorte de magistrature, dont l'organisation était réglée par des

---

(1) Archives de l'Aube, C. 348, 357, 360, 361, 364, 365, 368.
(2) Archives de l'Aube, C. 474.
(3) Archives de l'Aube, C. 1348.
(4) Archives de l'Aube, C. 738.
(5) Archives de l'Aube, C 2009. Nous ne parlons pas ici de Bar-sur-Seine, qui dépendait de la Généralité de Dijon, d'Ervy, ni de Nogent-sur-Seine, C. 2103-2106, qui faisaient partie de celle de Paris.

ordonnances royales. Nous n'avons pas l'intention d'en écrire ici l'histoire, qui a déjà attiré l'attention d'un grand nombre d'écrivains (1).

La plus grande partie des communautés d'habitants, les communautés rurales, parmi lesquelles se trouvaient des localités comme Arcis-sur-Aube, qui, en 1787, comptait 2,353 habitants (2), avaient pour seuls magistrats les officiers de justice désignés par les seigneurs. L'administration communale s'y exerçait par un conseil qui n'était autre que l'assemblée générale des habitants ; le rôle de pouvoir exécutif et de comptable y était rempli par un agent qu'on appelait syndic, qui était élu par cette assemblée, et qui devait à elle seule compte de son administration. Mais cet agent n'était pas magistrat : il ne pouvait pas rendre d'ordonnance, et l'usage ne lui donnait pas même qualité pour certifier exacts les procès-verbaux des assemblées des habitants : ces procès-verbaux devaient être passés par-devant notaire ou par-devant un officier de justice ; c'est-à-dire par-devant un délégué du seigneur. Quand des contestations avaient lieu entre le syndic et ses administrés, elles étaient jugées par le juge seigneurial qui même, quand l'intérêt public lui paraissait l'exiger, devait agir d'office sur la réquisition du procureur

(1) On trouvera un bon travail sur cette matière dans l'*Histoire de l'Administration en France*, par M. C. Dareste, I, 174-219. L'ouvrage de M. Alexis de Tocqueville, intitulé : *L'ancien régime et la Révolution*, contient (p. 87 et suivantes de la 3º édition) un tableau brillamment esquissé de l'administration municipale au XVIIIº siècle ; mais on est en droit de reprocher à l'auteur un peu de partialité contre les intendants — De nombreux documents relatifs à cet intéressant sujet ont été réunis par M. Aug. Thierry, *Recueil des Monuments inédits de l'histoire du tiers État*, t. III, dont la plus grande partie est consacrée à l'histoire municipale d'Amiens au XVIIº et au XVIIIº siècles.

(2) Archives de l'Aube, C. 1194.

fiscal **(1)**, sauf appel aux juridictions supérieures et en dernier ressort au Parlement.

Telle était la situation primitive ; tel était encore l'état des choses au xvii⁰ siècle.

Le but que se proposèrent les intendants fut d'annuler l'influence des seigneurs et de leurs agents, par conséquent d'enlever la tutelle des communautés aux mains de l'autorité judiciaire, et de la transférer à l'autorité administrative dont le Conseil d'État était la tête, et qui avait pour représentants dans les provinces les intendants et dans les Elections leurs subdélégués. Ce résultat ne fut atteint complètement en Champagne qu'après une lutte qui dura plus d'un siècle ; commencée dans les premiers temps du gouvernement personnel de Louis XIV par l'arrêt du Conseil du 9 février 1665, elle ne se termina que sous le règne de Louis XVI, par l'arrêt du Conseil du 31 juillet 1776, qui presque à la veille de la Révolution triompha des dernières résistances et assura définitivement la victoire aux intendants. Les seigneurs, leurs juges, les parlements qualifiaient d'usurpation les actes énergiques par lesquels les intendants s'assurèrent ce succès : mais on perd toujours les droits politiques ou administratifs dont on ne sait pas faire usage, et il est en cette matière une prescription qui, malgré le silence des lois écrites, n'est pas moins rigoureuse ni moins légitime que la prescription édictée par toutes les législations du monde contre les propriétaires ou les créanciers négligents : les droits n'appartiennent jamais qu'à ceux qui savent les exercer. Pour donner une idée de la diligence

---

(1) On appelait procureur fiscal l'organe du ministère public dans les justices seigneuriales. Il était, comme le juge, désigné par le seigneur.

dont faisaient preuve les seigneurs et leurs juges dans la tutelle des intérêts communaux, nous donnerons un exemple entre mille : Au commencement de novembre 1745, le compte des syndics de Neuville-sur-Seine pour l'année 1725 n'était pas encore rendu, et il en était de même des comptes de toutes les années suivantes. Et on trouvera exagéré le zèle du subdélégué de Bar-sur-Aube qui, pour remédier à la déplorable incurie des officiers de justice, a exigé l'apurement de ces comptes, poussant la modération jusqu'à laisser aux comptables un délai de trois ans pour faire les justifications nécessaires (1) !

Dans l'histoire de cette longue guerre, faite à coups d'arrêts, d'ordonnances, de sentences et de procès-verbaux, on ne sait ce dont on doit le plus s'étonner, ou de la résistance continue qui s'élève de tous côtés contre les intendants, c'est-à-dire contre les représentants directs de l'autorité du Roi à l'époque de la monarchie absolue, ou de la patience inaltérable que malgré leur pouvoir sans borne ils montrent en face de cette opposition, sachant céder et attendre quand la prudence l'exige, sauf à revenir plus tard avec plus de force, quand, ayant découragé leurs adversaires par la multitude des précédents, ils sont sûrs d'emporter d'assaut la place assiégée.

Le 20 février 1731, une ordonnance de l'intendant Le Pelletier de Beaupré prescrivit aux syndics de rendre compte de leur gestion par-devant les subdélégués : elle resta d'abord à peu près à l'état de lettre morte, elle ne commença à être exécutée dans la subdélégation de Bar-sur-Aube qu'au bout d'environ quatorze ou quinze ans, dans celle de Troyes elle fut en général considérée comme non avenue. L'intendant Caze de La Bove la renouvela

---

(1) Archives de l'Aube, C. 765.

le 26 mai 1750 en décidant que les comptes des syndics seraient rendus au mois de janvier de chaque année, à peine de vingt livres d'amende et même d'amende plus forte si le cas l'exigeait (1), Or l'ordonnance du 26 mai 1750 ne fut pas elle-même appliquée dans l'Election de Troyes avant l'arrêt du Conseil d'Etat du 31 juillet 1776, dont voici un extrait :

Le Roi s'étant fait représenter en son Conseil les arrêts et règlements rendus tant par les Rois ses prédécesseurs que par Sa Majesté, concernant la nomination et élection des syndics dans les paroisses et communautés d'habitants de la campagne ou plat pays de la province et frontière de Champagne, les adjudications et baux des biens et revenus desdites paroisses, et les comptes que lesdits syndics doivent rendre de la recette et dépense desdits biens et revenus, Sa Majesté aurait remarqué que différentes paroisses de ladite province et frontière de Champagne, se seraient écartées des dispositions desdits arrêts et règlements, en voulant se soustraire à l'autorité et compétence qu'elle aurait attribué à cet effet, au sieur intendant et commissaire départi dans ladite province pour l'exécution de ses ordres. . . . .
. . . .
Quoiqu'aux termes des arrêts et règlements du Conseil, et notamment de l'arrêt du Conseil d'Etat du Roi du 9 juin 1749, rendu particulièrement pour la Champagne, confirmé et renouvelé par ceux des 30 juin 1753 et 9 octobre 1754, et même par l'article 54 de l'édit du Roi du mois d'avril 1764, qui ordonne que l'administration des communautés qui n'ont point de corps de ville ou officiers municipaux continuera d'avoir lieu ainsi que par le passé, jusqu'à ce que Sa Majesté ait fait connaître ses intentions, les intendants de Champagne aient le droit de faire faire par-devant eux, ou leurs subdélégués, les adjudications ou baux de tous les biens et revenus des communautés d'habitants de ladite province et frontière de Champagne, pri-

(1) Archives de l'Aube, C. 763.

vativement à tous juges et autres officiers quelconques, quelques communautés tentent de s'y soustraire. Cette attribution a cependant déjà été confirmée en différentes occasions, et tout récemment par un arrêt du Conseil d'Etat du Roi du 9 juillet 1771 relativement à des difficultés qui s'étaient élevées dans la communauté de Torcy, subdélégation de Mézières, et qui avaient donné lieu à un arrêt du parlement de Paris du 1er mars 1770, auquel le Conseil n'a point eu égard et qu'il a regardé comme nul et non avenu.

Et Sa Majesté s'étant fait représenter : les arrêts des 9 février 1665, 15 juillet 1669, les déclarations des mois d'avril 1683 et 2 août 1687, l'arrêt du 14 juin 1689, et notamment ceux des 9 juin 1719, 19 juin 1753, 9 octobre 1754, 20 septembre 1771 et 16 août 1773, qui auraient attribué spécialement aux sieurs intendants et commissaires départis en Champagne le droit de faire procéder, par devant eux ou leurs subdélégués, aux adjudications, baux et loyers des biens des communautés d'habitants, et d'en faire rendre aussi par-devant eux ou leurs subdélégués les comptes, le tout, sauf l'appel au Conseil du Roi ; l'édit du mois de juin 1717, les arrêts du Conseil des 11 mars 1763, 12 novembre 1764, 16 août 1773, 20 mars 1775, 22 février et 12 mars 1776, concernant la nomination des syndics ou chefs des communautés dans les paroisses de la province et frontière de Champagne, où il n'y a point de corps de ville et officiers municipaux créés ou rétablis d'après les dispositions de l'édit du mois de novembre 1771 ; vu aussi par Sa Majesté les arrêts du Parlement de Paris des 26 février et 11 mars 1776, la sentence du baillage de Rumigny du 11 dudit mois de mars, ensemble les ordonnances du sieur intendant et commissaire départi pour l'exécution des ordres en la province et frontière de Champagne, des 30 novembre 1775 et 15 janvier 1776; ouï le rapport du sieur de Clugny, conseiller ordinaire et au Conseil royal, contrôleur général des finances ;

Le Roi étant en son Conseil, sans avoir égard à l'arrêt du Parlement de Paris du 26 février 1776, qui sera regardé comme nul et non avenu, ainsi que tout ce qui pourrait s'en être suivi ou s'en suivre, a ordonné et ordonne que l'ordonnance du sieur intendant de Champagne du 15 janvier 1776, sera exécutée suivant sa forme et teneur, et en conséquence que les poursuites

commencées contre le nommé Gobin seront continuées pour le contraindre, par les peines énoncées en ladite ordonnance et toutes autres, à rendre compte par-devant le sieur intendant de Champagne ou son subdélégué à Rocroi, des recettes et dépenses qu'il aurait faites en sa qualité de syndic de ladite communauté du Châtelet, depuis le 29 août 1762, jusque et compris pareil jour du mois d'août 1770, et à en remettre et représenter les pièces justificatives......................................
....

Et Sa Majesté, voulant éviter pour l'avenir de pareilles contestations et difficultés, en confirmant tous règlements et arrêts rendus précédemment pour la nomination des syndics dans les paroisses de la campagne ou plat pays de la province et frontière de Champagne, où il n'y a point de corps de ville ou officiers municipaux, créés et rétablis en vertu de l'édit du mois de novembre 1771, ainsi que pour les adjudications, baux et loyers de tous biens et revenus desdites paroisses et communautés, et la reddition des comptes desdits biens, Sa Majesté aurait attribué, en tant que de besoin est ou serait, au sieur intendant et commissaire départi en Champagne toute autorité pouvoir et compétence pour connaître de tout ce qui est relatif à la nomination et élection desdits syndics et chefs des communautés, même pour nommer d'office ceux qu'il trouvera le plus convenable, lorsque les circonstances le requéreront, sauf l'appel au Conseil ; veut et entend aussi Sa Majesté, que toutes les adjudications, baux, loyers et partages des biens, deniers, produits, terres, prés, pâtures, marais, regains ou réserves de prés et enfin de tous revenus quelconque, sous telle dénomination que ce soit, et sans aucune exception, appartenant auxdites communautés et paroisses, soient faits et passés par devant ledit sieur intendant de Champagne ou ceux de ses subdélégués qu'il commettra à cet effet, et que toutes les contestations et difficultés qui pourraient survenir à l'occasion desdites adjudications, baux, loyers, partages, circonstances et dépendances sans aucune réserve, soient jugées par ledit sieur intendant de Champagne, sauf l'appel au Conseil. Donne aussi Sa Majesté tout pouvoir, autorité et juridiction audit sieur intendant pour faire rendre, par-devant lui ou ses subdélégués, tous les comptes desdits biens et revenus communs et être les difficultés et contestations, relatives auxdits comptes, jugées par le sieur intendant, sauf l'appel au Conseil.

N'excepte Sa Majesté, desdits biens et revenus communs que les bois et droit de pêche appartenant auxdites communautés, d'habitants, pour raison desquels bois et droits de pêche seulement les dispositions du titre XXV de l'ordonnance des eaux et forêts du mois d'août 1669 seront suivies et exécutées suivant leur forme et teneur (1).......... ....
....

Fait au Conseil d'Etat du roi, Sa Majesté y étant, tenu à Versailles, le 31 juillet 1776.

Signé : BERTIN (2).

Cet arrêt consacre définitivement trois principes contraires à l'ancienne jurisprudence et aux prétentions parlementaires : l'intendant de Champagne ou son subdélégué sont seuls compétents quand il s'agit 1° d'arrêter les comptes communaux et de juger les débats qui s'y rapportent, 2° de recevoir les adjudications de biens communaux autres que les bois et les droits de pêche et de trancher les difficultés qui peuvent surgir à cette occasion, 3° de régler les contestations relatives à la nomination de syndics et chefs des communautés ; enfin, comme corollaire de cette dernière disposition, cet arrêt donne à l'intendant le droit de nommer les syndics d'office et sans élection quand il le juge convenable.

(1) Le résultat de cette exception fût d'amener des conflits entre l'intendant et le grand maître des eaux et des forêts, auquel l'administration des bois et des droits de pêche communaux était maintenu par cette disposition. La liasse C. 1498 donne un exemple de ces conflits désastreux pour les intérêts des communautés. L'intervention des officiers de la maîtrise rendit impossible l'exécution des projets préparés par ordre de l'intendant pour la reconstruction de l'église de Maraye-en-Othe.

(2) Archives de l'Aube, C. 1184.

Sur les deux premiers articles, nous ne donnerons aucun développement, et nous nous bornerons à renvoyer à notre inventaire les personnes qui désireront en faire une étude approfondie. Nous leur signalerons notamment :
1° sur la comptabilité communale, les articles C. 302, 308, 313, 456, 1184, 1304, 1332, 1372, 1534 ; 2° sur les adjudications de biens communaux, les articles C. 303, 364, 385, 414, 606, 790, 1373, 1498, 1534.

Quand aux droits conférés à l'intendant par la disposition relative à la nomination des syndics, nous ferons remarquer que dès le 6 octobre 1721 une ordonnance de l'intendant Lescalopier avait prescrit que les syndics seraient élus chaque année par les communautés d'habitants dans les premiers jours de décembre et entreraient en fonctions le premier janvier suivant (1). Mais cette prescription n'était point ou était fort peu exécutée, mal auquel remédia dans l'Election de Troyes l'ordonnance qui suit :

Gaspard-Louis Rouillé d'Orfeuil, chevalier, grand-croix, maître des cérémonies honoraire de l'Ordre royal et militaire de saint Louis, conseiller du Roi en ses Conseils, maître des requêtes honoraire de son hôtel, intendant de justice, police et finances en la province et frontière de Champagne.

Sur ce qui nous a été représenté, que dans les communautés de l'Election et subdélégation de Troyes, les unes sont dans l'usage de nommer leurs syndics le premier janvier, les autres le premier octobre de chaque année, et plusieurs à différentes autres époques, et jugeant nécessaire d'établir dans toutes lesdites communautés une uniformité pour cette partie d'administration, vu les éclaircissements que nous nous sommes procurés, ensemble l'arrêt rendu au Conseil d'Etat du Roi le 31 juillet 1776, qui,

(1) Cette ordonnance est rappelée dans celle du 30 mai 1780, dont il sera question plus loin.

entre autres choses, nous maintient et confirme dans le droit de connaitre de la nomination des syndics des paroisses et communautés, même de les nommer d'office ; nous avons ordonné et ordonnons ce qui suit :

ARTICLE PREMIER.

Dans toutes les communautés et paroisses généralement quelconques dépendantes de l'Élection et subdélégation de Troyes, où il n'y a point d'officiers municipaux établis en vertu d'arrêts, ordonnances ou édits et notamment de celui du mois de novembre 1771, et à compter de la présente année 1778, la nomination des syndics s'y fera dans une assemblée générale des habitants, qui sera tenue à cet effet en la manière accoutumée le premier dimanche du mois de décembre de chaque année, pour le syndic entrer en fonctions au premier janvier suivant.

ART. II.

L'acte de délibération portant nomination du syndic, sera incontinent remis et au plus tard dans la huitaine au greffe de la subdélégation de Troyes, pour être ycelui approuvé, s'il y a lieu, par nous ou notre subdélégué.

ART. III.

Dans le cas où quelques circonstances ou considérations empêcheraient que la nomination d'un syndic ne fût approuvée, ordonnons que le syndic, alors en exercice, sera tenu de continuer à remplir les fonctions de ladite charge, jusqu'à ce qu'il en soit par nous autrement ordonné.

ART. IV.

Pourront les habitants, lorsque les circonstances ou les intérêts de la communauté l'exigeront, continuer le même syndic pour une seconde année ; mais dans ce cas, seront tenus lesdits habitants de prendre pour cette continuation, une délibération dans la même époque et dans la même forme que pour la nomination, laquelle délibération sera aussi remise dans le même délai au greffe de la subdélégation, pour être ladite continuation approuvée, s'il y a lieu, par nous ou notre subdélégué.

ART. V.

Ne pourra néanmoins aucun syndic être forcé d'accepter la continuation dans ladite place contre son gré.

ART. VI.

Ordonnons à tous syndics, habitants et communautés quelconques de l'Election et subdélégation de Troyes, de se conformer aux dispositions de notre présente ordonnance, qui sera lue et publiée dans toutes lesdites communautés, et mandons au sieur Paillot, notre subdélégué à Troyes, de tenir la main à son exécution, et de faire au surplus exécuter les dispositions dudit arrêt du Conseil du 31 juillet 1776.

Fait par nous intendant de la province et frontière de Champagne, le 10 novembre 1778.

Signé : Rouillé (1).

Les dispositions de cette ordonnance furent étendues à toute la Champagne par celle du 30 mai 1780 (2).

L'intendant chargea ses subdélégués d'approuver les élections de syndics, voici le texte de la formule par laquelle cette approbation se donnait dans la subdélégation de Troyes :

De par le Roi,

Pierre-Jean Paillot, écuyer, subdélégué de l'intendance de Champagne, au département de Troyes,

Vu l'arrêt du Conseil d'Etat du Roi du 31 juillet 1776 qui, entre autres choses, maintient et confirme monseigneur l'intendant de la province et frontière de Champagne dans le droit de

---

(1) Archives de l'Aube, C. 1182.
(2) Archives de l'Aube, C. 301.

connaître de la nomination des syndics et paroisses et communautés, même de les nommer d'office ;

L'ordonnance rendue par mon dit seigneur l'intendant le 10 novembre 1778, qui prescrit le temps et la forme dans laquelle il doit être procédé à l'élection desdits syndics, pour entrer tous en exercice le 1er janvier 1779 et finir le 31 décembre suivant : nous commettant pour tenir la main à l'exécution d'icelle, et recevoir et approuver, s'il y a lieu, les actes de nomination desdits syndics qui doivent nous être remis immédiatement;

Vu aussi la nomination faite en conséquence par les habitants de la communauté de   de la personne de   pour leur syndic pendant l'année 1779 ;

Nous avons approuvé et confirmé, approuvons et confirmons ladite nomination et ordonnons que ledit syndic ci-dessus nommé en exercera seul et sans partage ses fonctions pendant l'année entière 1779 : enjoignons aux habitants de le reconnaître pour syndic, et de lui obéir en tout ce qu'il leur commandera en cette qualité pour le service du Roi, le bien et l'avantage de ladite communauté ; et faisons défense à toute personne de le troubler ou s'immiscer dans ses fonctions, sous quelque prétexte que ce soit.

Faisons aussi très-expresses défenses aux habitants de ladite communauté et à tous autres sans exception, à peine de désobéissance et d'amende, de sonner, convoquer et tenir aucune assemblée d'habitants pour leurs affaires communes et prendre aucune délibération qu'en présence et avec la participation dudit syndic, qui ne pourra néanmoins se dispenser de convoquer lesdites assemblées, lorsqu'il en sera requis par le général (1) desdits habitants, et pour des objets qui paraîtront convenables, sauf par lesdits habitants, dans le cas où ledit syndic s'y refuserait, à se pourvoir par-devant nous pour être statué ce qu'il appartiendra.

Ordonnons que ledit syndic présidera seul aux assemblées desdits habitants, conformément aux dispositions des arrêts et règlements rappelés dans l'arrêt du Conseil d'Etat du Roi, du 31 juillet 1776.

(1) La plus grande partie.

ADMINISTRATION COMMUNALE

Lui enjoignons de rendre ses comptes chaque année et faire rendre ceux de ses prédécesseurs, par-devant nous, un mois au plus tard, après son année d'exercice finie, et de se conformer pour la nomination de son successeur aux dispositions de ladite ordonnance de monseigneur l'intendant du 10 novembre dernier.

Lui faisons défenses aussi sous peine d'être poursuivi extraordinairement et comme concussionnaire, de souffrir qu'il soit fait sur lesdits habitants aucun rôle d'imposition, répartition, partage sur les parts usagères ou autrement, qu'en vertu des ordonnances qui seront rendues par monseigneur l'intendant, lorsque le cas le requérera, à l'effet de quoi lesdits syndic et habitants seront tenus de se pourvoir par-devant mondit seigneur l'intendant, pour être statué ce qu'il appartiendra.

Faisons en outre défenses audit syndic de faire aucune dépense quelconque, qu'après y avoir été autorisé par une délibération des habitants qui ne sera valable qu'après avoir été autorisée par monseigneur l'intendant ou par nous, suivant l'exigence du cas.

Ordonnons audit syndic de se conformer aux déclarations du Roi, arrêts et règlemements qui défendent aux communautés d'habitants d'entreprendre aucun procès ou contestation quelconques, qu'après y avoir été dûment autorisés par monseigneur l'intendant : à l'effet de quoi ledit syndic sera tenu, avant même de faire donner aucune assignation en justice de se retirer auprès de nous pour diriger sa conduite et l'aider de nos avis et conseils.

Sera exact ledit syndic à nous informer de tous les événements généraux et particuliers qui peuvent intéresser le bien du service du Roi, la tranquilité publique et notamment de toutes les maladies épidémiques sur les hommes ou sur les bestiaux, à peine par ledit syndic d'en être personnellement garant et responsable.

Enjoignons au surplus audit syndic de se conformer exactement à toutes les dispositions de l'arrêt du Conseil d'Etat du Roi, du 31 juillet 1776, concernant l'adjudication et la gestion de tous les biens et revenus sans exception des communautés, et de nous informer de tout ce qui pourrait arriver dans ladite communauté, au préjudice des dispositions dudit arrêt et de la présente ordonnance, qui sera lue et publiée par ledit syndic à l'issue de la messe paroissiale, le premier jour de dimanche ou fête, après la réception de ladite ordonnance, afin que personne n'en ignore et que chacun ait à s'y conformer.

Et sera payé par le nouveau syndic cinq sous à notre greffier pour droit d'enregistrement de ladite nomination, suivant la taxe qui en a été faite par monseigneur l'intendant.

Fait par nous, subdélégué, le 30 décembre 1778.

Signé : PAILLOT (1).

Dans la pratique les syndics sont généralement élus par les habitants. Mais on voit par exception l'intendant imposer aux habitants d'une communauté malgré leur résistance un syndic nommé d'office (2). Le droit d'approuver l'élection et de nommer d'office entraînait celui de refuser l'approbation et de révoquer. Les exemples de révocation ne manquent pas. Nous avons déjà parlé d'un syndic révoqué par l'intendant pour avoir insulté un médecin chargé de soigner les malades atteints par une maladie épidémique. Tantôt la révocation d'un syndic est demandé à l'intendant par le seigneur, tantôt elle est proposée par le subdélégué (3).

Les intendants ne se contentèrent pas de transformer ainsi les syndics en agents de l'autorité centrale, ils soumirent à divers règlements les assemblées d'habitants dont l'organisation primitive dépendait ou des juges locaux ou du libre arbitre de ces assemblées. L'ordonnance ren-

---

(1) Archives de l'Aube, C. 1182.
(2) Archives de l'Aube, C. 1308.
(3) Archives de l'Aube, C. 899, 926.

due le 26 mai 1750 par l'intendant Caze de La Bove, contient les deux dispositions que voici :

Nous ordonnons que lorsqu'il aura été convoqué au son de la cloche, ou en la forme usitée dans chaque communauté, une assemblée générale des habitants d'icelle, tous ceux qui ont droit d'y assister seront tenus de s'y rendre à l'heure précise, à peine contre les contrevenants de six livres d'amende applicables aux besoins les plus pressants de la communauté, laquelle amende sera par nous prononcée sur le procès-verbal que le syndic sera tenu d'en dresser...

Enjoignons pareillement à tous ceux qui assisteront aux assemblées de donner leurs voix chacun à leur tour, par ordre et sans confusion : et en cas de troubles déclarons la même peine de six livres d'amende encourue contre ceux qui l'auraient occasionnée, même celle de prison s'il y échoit, à l'effet de quoi le syndic sera pareillement tenu d'en dresser son procès-verbal.... (1).

Après l'arrêt du 31 juillet 1776, l'intendant plus hardi, rendit pour un nombre considérable de communautés des ordonnances qui, laissant la convocation des assemblées générales obligatoires dans des circonstances exceptionnelles seulement, conférèrent dans chacune de ces communautés à un corps composé de quelques notables le droit de prendre la plupart des décisions relatives aux affaires communales. Dans l'Election de Bar-sur-Aube, cette mesure fut appliquée à 149 communautés (2).

(1) Archives de l'Aube, C. 765. Voir aussi dans la liasse C. 648 l'indication d'une ordonnance de l'intendant en date du 14 mars 1773 qui fait à un particulier défense de paraître à l'assemblée de sa communauté pendant trois ans.

(2) Archives de l'Aube, C. 301 ; voir aussi *Voyage paléographique dans le département de l'Aube*, p. 234 et suivantes.

Dans celle de Troyes, elle eut un caractère moins général. On peut cependant citer quelques exemples de son application : Voici l'ordonnance de l'intendant qui établit un conseil de notables à Maraye-en-Othe :

Gaspard-Louis Rouillé d'Orfeuil, chevalier, grand-croix, maître des cérémonies honoraire de l'Ordre royal et militaire de saint Louis, conseiller du Roi en ses Conseils, maître des requêtes honoraire de son hôtel, intendant de justice, police et finances en la province et frontière de Champagne.

Vu la requête qui nous aurait été présentée par les habitants de la paroisse de Marais, subdélégation de Troyes, et leur délibération du 1er décembre 1786 ;

Ensemble les éclaircissements que nous nous sommes procurés, desquels il résulte que les assemblées, que le syndic de la communauté est dans le cas de convoquer pour les affaires communes des habitants, sont souvent infructueuses, en ce que la plupart desdits habitants, et ceux surtout les plus intelligents, négligent de s'y trouver, ou ne peuvent se faire entendre et donner librement leur avis, par le tumulte et les intrigues de certains particuliers plus attachés à leurs intérêts personnels, qu'au bien et à tout ce qui peut tendre à l'avantage de ladite communauté, tant pour la conservation des biens communaux, l'amélioration d'iceux et l'économie dans les dépenses ; et en conséquence lesdits habitants nous auraient supplié de permettre et même ordonner l'établissement d'un conseil composé de différents habitants, pour, sous le nom de notables, assister aux assemblées qui seront convoquées par le syndic en la manière accoutumée, à l'effet de délibérer avec ledit syndic sur les affaires qui seront par lui proposées et l'aider de leurs avis ;

Vu aussi l'arrêt du Conseil d'Etat du Roi du 31 juillet 1776, qui nous aurait maintenu et confirmé dans le droit et la compétence de connaître de la nomination des syndics des communautés d'habitants, de l'adjudication et gestion de tous leurs biens et revenus communs, et de la reddition des comptes desdits syndics, avec défenses à tous officiers de justice et autres juges quelconques d'en prendre connaissance, à peine d'être personnellement garants et responsables de tous frais et dépens, même d'interdiction de leurs fonctions et privation de leurs gages, voulant Sa Majesté, que toutes les contestations relatives auxdits objets, circonstances et dépendances sans exception, soient par nous jugées, sauf l'appel qui ne pourrait être porté qu'au Conseil du Roi ;

Tout considéré ;

Nous, sous le bon plaisir du Conseil du Roi, et ayant égard à la demande qui nous est faite, ordonnons que dans une assemblée générale de tous les habitants de la communauté de Marais et hameaux en dépendant, dont le jour sera indiqué par le sieur Paillot notre subdélégué à Troyes, il sera, en présence de notre dit subdélégué qui s'y transportera gratis, et à son défaut ou absence, en présence de celui qui sera par lui commis à cet effet, choisi et nommé à la pluralité des voix, seize habitants sous le nom de notables, pour assister régulièrement à toutes les assemblées qui seront convoquées en la manière accoutumée par par le syndic à l'effet de délibérer avec lui sur les affaires communes qui seront par lui proposées, lesquels dits seize notables représenteront le conseil de ladite communauté et seront choisis, savoir :

   dans la classe des
   dans celle des

Sera aussi choisi dans ladite assemblée générale des habitants un des officiers de la justice du lieu, dans le cas où il s'en trouverait qui y soient résidents, ou à portée de se trouver aux assemblées de ladite communauté, lequel officier de justice ainsi élu aura rang de séance à la tête des notables seulement, attendu que ladite assemblée ne peut être convoquée, tenue et présidée que par ledit syndic, comme chef desdits habitants, suivant et conformément à différents arrêts et règlements rappelés dans l'arrêt du Conseil d'Etat du Roi du 31 juillet 1776, toutefois lorsqu'il s'agira d'affaires communes et qui sont de notre compétence, sauf à être lesdites assemblées présidées par les juges et officiers des lieux, lorsqu'il sera question dans lesdites assemblées de nomination de marguilliers, maîtres d'école, gardes empouilles (gardes champêtres), gardes bois, reddition de compte de marguilliers ou fabriciens et autres affaires de police qui sont du ressort des juges ordinaires.

Ledit officier de justice et lesdits notables resteront en exercice pendant six ans et seront changés après ledit temps dans une assemblée générale desdits habitants convoqués et tenue par le syndic, à moins que lesdits habitants ne jugent à propos et pour les intérêts communs de les proroger et continuer dans ledit exercice encore six autres années.

Ordonnons néanmoins que dans le nombre des notables qui seront élus la première fois en exécution de notre présente ordonnance, il en sortira huit à l'expiration de la troisième année de leur nomination, lesquels huit sortants seront pris dans les plus jeunes de chacune des classes sur le pied de   par classe et seront lesdits sortants remplacés par huit autres nouveaux habitants, qui seront élus et choisis aussi dans chacune desdites deux classes sur le pied de   par chaque classe et ainsi successivement, en telle sorte que tous les trois ans, il en soit nommé huit nouveaux, et tous les six ans seulement un officier de justice.

Enjoignons auxdits notables de se rendre régulièrement à toutes les assemblées qui seront convoquées, à peine de six livres d'amende contre chacun de ceux qui ne s'y trouveront pas, à moins qu'ils ne justifient d'un empêchement légitime ; lesquelles amendes seront par nous prononcées sur les procès-verbaux qui seront dressés par le syndic contre les absents et qui nous seront envoyés par notre subdélégué, pour être le montant desdites amendes appliqué aux besoins de ladite communauté, suivant qu'il sera par nous ordonné sur le compte qui nous en sera rendu par notre dit subdélégué.

N'entendons néanmoins exclure desdites assemblées tous les autres habitants de ladite communauté, qui continueront d'avoir le droit de s'y trouver et d'y voter, lorsqu'il s'agira dans lesdites assemblées d'intenter ou de soutenir quelques instances en justice réglée, de demander quelqu'imposition extraordinaire, de faire quelqu'emprunt de deniers, et de vendre, aliéner ou changer quelques biens communaux, à condition par lesdits habitants de s'y comporter avec honnêteté et tranquillité ; mais pour toutes les autres affaires quelconques de ladite communauté, elles seront régies et administrées par le syndic, et lesdits seize notables comme représentant le corps de ladite communauté et sans avoir besoin d'appeler les autres habitants.

Ordonnons auxdits syndics et notables d'établir un registre qui sera coté et paraphé par notre dit subdélégué au département de Troyes, auquel ils seront tenus de le représenter toutes et quantes fois il le jugera convenable, dans lequel registre seront transcrites toutes les délibérations de ladite communauté, et seront tenus les syndic et notables de joindre aux requêtes qu'ils seront dans le cas de présenter au nom de ladite communauté, une expédition de la délibération qui aura dû précéder et contenir pouvoir suffisant audit syndic.

Faisons défenses au syndic de faire aucune dépense qu'elle n'ait été approuvée par une délibération desdits notables, qui sera par nous approuvée ou notre subdélégué avant d'être lesdites dépenses faites, à peine de radiation et de demeurer aux compte et dépens dudit syndic.

Ordonnons que le compte que le syndic rendra annuellement des recettes et dépenses par lui faites sera arrêté et constaté par lesdits notables avant de le présenter à notre dit subdélégué ; sauf à notre dit subdélégué à ordonner, s'il le trouve convenable, que ledit compte sera communiqué aux habitants généralement assemblés pour donner leurs dires et observations et être ledit compte ensuite clos et arrêté par notre dit subdélégué, qui nous en informera en la forme ordinaire.

Ordonnons en outre que ladite communauté sera tenue d'avoir une armoire fermant à trois clefs, pour y déposer les titres et papiers communs, desquelles trois clefs, une restera entre les mains du syndic en exercice, et les deux autres entre les mains de deux notables dont la communauté conviendra, et sera tenu le syndic sortant d'exercice, sous peine d'amende, de remettre au syndic qui lui succédera toutes les ordonnances, arrêts, ordres ou instructions qui lui auront été adressés relativement à l'administration ou intérêts des affaires de ladite communauté pendant son exercice, pour être déposés dans ladite armoire.

Mandons audit sieur Paillot, notre subdélégué, de tenir la main à l'exécution de notre présente ordonnance, qui sera lue et publiée fin de la messe paroissiale de ladite communauté de

Marais, à ce que personne n'en ignore, et ensuite transcrite sur le registre des délibérations de ladite communauté et l'original déposé au greffe de la subdélégation de Troyes pour y avoir recours au besoin (1).

Fait par nous, intendant, le 16 mars 1787.

Signé : Rouillé (2).

Quelques mois après cette ordonnance, le règlement du Roi du 23 juin 1787 (3), corollaire de l'édit de création des assemblées provinciales, donnait en Champagne une municipalité à chacune des communautés d'habitants qui n'avaient pas d'échevinage : c'était un coup terrible au pouvoir de l'intendant en face duquel s'élevaient de toute parts des corps indépendants, c'était dans la province le commencement de la Révolution.

Nous ne terminerons pas ce chapitre sans faire remarquer qu'aux termes de l'arrêt du Conseil du 16 décembre 1684 (4) les églises et presbytères ne pouvaient être réparés sans l'intervention de l'intendant, qui désignait un architecte pour faire la visite des lieux et dresser un devis, et qui chargeait son subdélégué de diriger l'adjudication (5). Aucune imposition communale ne pouvait avoir lieu sans approbation de l'intendant qui fit em-

---

(1) Les ordonnances portant création de conseils de notables sont toutes conçues à peu près dans les mêmes termes. Il n'y a que de légères variantes. Les formules étaient imprimées.

(2) Archives de l'Aube, C. 1496.

(3) Isambert, XXVIII, 366-369.

(4) Cet arrêt est mentionné par La Poix de Fréminville, *Traité du gouvernement des communautés d'habitants*, p. 463.

(5) Les documents relatifs aux réparations d'église présentent souvent un grand intérêt archéologique. Nous signalerons, par exemple, les plans de l'église de Bouilly, Archives de l'Aube, C. 1246, 1247, où se trouve indiqué le jubé aujourd'hui détruit.

prisonner un syndic d'Aix-en-Othe, coupable d'avoir levé de son chef une imposition sur sa communauté. L'autorisation de l'intendant devait précéder tout emprunt, tout procès et toute aliénation de biens communaux; autrement l'emprunt n'obligeait pas la communauté, le jugement obtenu ne lui pouvait être opposé, et l'aliénation était nulle de plein droit (1). Ainsi la tutelle administrative était, sous l'ancien régime, imposée aux communautés d'habitants, à peu près de la même manière que les communes la supportent aujourd'hui.

(1) Édit d'avril 1683, et déclaration du 2 août 1687, Isambert, XIX, 420, XX, 50; voir plus haut, p. 135 et Guyot, *Répertoire*, IV, 218.

CHAPITRE IX

CORPORATIONS INDUSTRIELLES ET COMMERCIALES

La surveillance des corporations industrielles et commerciales est une de ces nombreuses attributions de l'autorité judiciaire qui, au XVIIIe siècle, passèrent presque entièrement entre les mains des intendants (1); aussi est-ce dans les archives des intendants qu'il faut surtout chercher l'histoire du commerce et de l'industrie française pendant les derniers temps de l'ancienne monarchie. Les documents conservés aux archives de l'Aube ne concernent qu'un département, et cependant

(1) La surveillance de l'industrie était immédiatement exercée, sous les ordres des intendants des provinces et des intendants du commerce, par les inspecteurs des manufactures. Sur les inspecteurs des manufactures de Troyes, voir aux Archives de l'Aube la liasse C. 1923. Les intendants du commerce, dont la situation, analogue à celle des intendants des finances, peut être comparée à celle des directeurs généraux de nos grandes administrations financières, étaient au nombre de trois en 1789, et, comme les quatre intendants des finances, dépendaient du contrôleur général (*Almanach royal* de 1789, p. 237-238). Mais ces nombres ont varié : ainsi l'*Almanach royal* de 1714 nous donne les noms de cinq intendants du commerce (p. 57-58) et de sept intendants des finances (p. 68-69), alors en fonctions, total douze intendants généraux, au lieu de sept en 1789.

les renseignements intéressants qu'ils renferment sont trop nombreux pour pouvoir être analysés dans ce chapitre : nous nous bornerons à parler de l'industrie qui forme aujourd'hui la spécialité du département de l'Aube, c'est-à-dire de l'industrie de la bonneterie.

L'industrie de la bonneterie n'avait pas encore, au moment de la Révolution, acquis dans cette région l'importance qu'elle a graduellement obtenue. Si nous en croyons une lettre, adressée par le subdélégué de Troyes à l'intendant de Champagne le 16 août 1788, les drapiers et fabricants de serge de Troyes auraient à cette date occupé dans la ville six mille personnes, y compris celles qui filaient pour eux ; et le nombre des personnes employées à la fabrication des toiles de coton, basins, etc., aurait, à la même époque, été de douze mille (1). Ainsi dix-huit mille personnes sur une population de trente mille âmes auraient alors donné leur travail à une industrie autre que celle de la bonneterie.

Il n'entre pas dans notre sujet de rechercher à quelle date remonte la fabrication du tricot à la main. Nous nous bornerons à dire que jusqu'au milieu du XVIIe siècle on n'obtint pas de tricot en France par un autre procédé. La corporation de bonnetiers qui existait à Troyes au XVIe siècle, et dont les statuts datent de 1554, ne connaissait que ce mode de fabrication du tricot (2).

---

(1) Dont 500 fabricants.
(2) Les statuts de cette corporation existent à la bibliothèque de Troyes, où M. Harmand, bibliothécaire a eu l'obligeance de nous les indiquer ; leur titre est : *Statuts et ordonnances de la communauté des maîtres bonnetiers de la ville, faubourgs et banlieue de Troyes, le 6e janvier 1554, confirmés par Louis XIV, ce présent régnant avec cinq articles nouveaux qu'il a plu à Sa Majesté accorder à ladite communauté au mois de mars 1698* ; Troyes, sans date d'année, petit in-8°. — Les statuts des bonnetiers des faubourgs de

La première manufacture de bas au métier qui ait été établie en France fut fondée au château de Madrid, dans le bois de Boulogne, en 1656 (1). Cette manufacture donna naissance à une communauté de maîtres-ouvriers en bas au métier, dont les premiers statuts datent de 1672 (2). Avant 1684, ces ouvriers ne pouvaient travailler qu'en soie ; un arrêt du Conseil de cette année leur permit d'employer la laine, le fil, le poil et le coton. Le 30 mars 1700, il parut un nouvel arrêt du Conseil qui imposa à cette industrie un règlement en trente-quatre articles, et en prohiba l'exercice dans toute autre localité que les villes dont les noms suivent : Paris, Dourdan, Rouen, Caen, Nantes, Oléron, Aix, Toulouse, Nimes, Uzez, Romans, Lyon, Metz, Bourges, Poitiers, Orléans et Reims (3). On remarquera que sur ces dix-sept noms aucun n'appartient au département de l'Aube, et les quelques métiers à bras qui s'étaient établis à Troyes (4) durent cesser de fonctionner. L'arrêt du Conseil du 30 mars 1700 resta en vigueur pendant un demi-siècle. Mais il se produisit bientôt quelques dérogations à ses prescriptions.

Un arrêt du Conseil d'Etat, en date du 13 avril 1630, prescrivant la réunion et la réorganisation des hôpitaux de Troyes (5), donnait aux administrateurs l'ordre de faire établir dans ces hôpitaux « les manufactures

Paris, en date du 16 août 1527, sont cités par Savary, *Dictionnaire du commerce*, Amsterdam, 1726, in-4°, t. Iᵉʳ, p. 274.

(1) Savary, *Dictionnaire du commerce*, I, 274.
(2) Savary, *Dictionnaire du commerce*, I, 275.
(3) Savary, *Dictionnaire du commerce*, I, 275-276.
(4) Il y est fait allusion dans un des cinq nouveaux articles des statuts homologués, en 1698, et dont il est question plus haut.
(5) Grosley, *Mémoires historiques et critiques pour l'histoire de Troyes*, II, 221-231. — Archives de l'Aube, G. 942, 1297, 3399.

nécessaires pour l'emploi des pauvres valides. » Les administrateurs prirent prétexte de cette injonction pour fonder dans un de leurs hôpitaux une fabrique de bas au métier dont l'existence, justifiée par le caractère d'œuvre de charité, n'était pas suivant eux une infraction à l'arrêt du 30 mars 1700 (1). L'autorité ferma les yeux.

En même temps, des lettres-patentes du 29 décembre 1733 (2) obtenues par l'influence de M. Grassin, seigneur d'Arcis, autorisaient l'établissement d'une manufacture de bas au métier dans cette petite ville (4), qui, ruinée par un incendie (3), vit cependant, grâce à la prospérité de son industrie, sa population tripler en cinquante ans.

Enfin l'arrêt du Conseil du 25 mars 1754 permit la libre fabrication de la bonneterie dans tout le royaume.

La manufacture fondée par les administrateurs des hôpitaux de Troyes paraît avoir été l'école où se formèrent les premiers maîtres bonnetiers de la ville qui travaillèrent au métier. Le nombre des métiers de cette manufacture s'éleva rapidement de sept, chiffre de l'année 1754, à soixante-six, chiffre de l'année 1771 (5) ; les administrateurs employaient, outre les pauvres logés par eux, un certain nombre d'ouvriers libres habitant hors des hôpitaux. Bientôt plusieurs de ces

---

(1) Mémoire manuscrit adressé à l'intendant par les maîtres bonnetiers de la ville de Troyes. — Archives de l'Aube, C. 1893, 1916.

(2) Ces lettres-patentes ont été publiées d'après les archives du château d'Arcis dans l'*Arcisien* de 1861, p. 110-111.

(3) Archives de l'Aube, C. 1194.

(4) Archives de l'Aube, C. 1203.

(5) Rapport du subdélégué de Troyes à l'intendant, sur une contestation entre les administrateurs des hôpitaux et la communauté des bonnetiers.

ouvriers s'établirent pour leur compte, ils formèrent des élèves qui s'établirent aussi, et, dès 1758, les bonnetiers de Troyes étaient en instance pour obtenir la création d'un bureau où des gardes jurés auraient visité les ouvrages en bonneterie. Le juge de police de Troyes les y autorisa par sentence du 15 janvier. Les merciers de Troyes formèrent opposition à l'exécution de cette sentence dont le résultat devait être de rétablir au profit d'une corporation le monopole supprimé par l'arrêt du Conseil du 25 mars 1754 ; cette affaire donna lieu à une correspondance conservée aux archives de l'Aube et où l'intendant se montre peu favorable au maintien de la sentence du juge de police de Troyes (1).

En même temps l'industrie de la bonneterie s'étendait dans la campagne. Romilly-sur-Seine, qui doit à la bonneterie son importance actuelle et les trois quarts de sa population présente, avait des fabricants de bas dès 1762 (2), c'est-à-dire huit ans après l'arrêt du Conseil de 1754. En 1787, le nombre des métiers était à Arcis, de 300 (3), à Méry, de 89 (4), aux Grandes-Chapelles, de 40 (5). Dans cette dernière localité, la bonneterie avait supplanté presque complétement la draperie dès 1780 (6). Nous ne donnerons pas la liste de toutes les localités qui avaient des métiers de bonneterie en 1787 ; cela nous entraînerait trop loin (7).

(1) Archives de l'Aube, C. 1893, 1916.
(2) Lettre de Bertin à l'intendant de Champagne.
(3) Archives de l'Aube, C. 1194.
(4) Archives de l'Aube, C. 1538.
(5) Archives de l'Aube, C. 1300.
(6) Archives de l'Aube, C. 1300.
(7) Lettre de Bertin à l'intendant de Champagne sur la filature de coton aux environs de Troyes. Archives de l'Aube, C. 1925.

CHAPITRE X

AGRICULTURE

La protection accordée à l'agriculture par l'administration monarchique au xviii° siècle peut se considérer à un double point de vue : 1° encouragements, 2° règlements qui défendent certains actes considérés comme nuisibles aux intérêts agricoles de la France.

Les encouragements concernent, par exemple, l'amélioration de la race chevaline. Telle est l'institution par l'intendant de Champagne de deux prix annuels pour les poulains et pouliches de l'âge de deux à trois ans (1). Telles sont les différentes ordonnances rendues sous Louis XIV et Louis XV pour l'organisation de haras et notamment le règlement de 1717, malgré l'obligation tyrannique imposée, sous peine d'amende à chaque syndic de présenter au garde-haras pour les marquer, les jumeats de sa communauté (2) : les particuliers, non seulement envoient leurs cavales aux étalons du roi, mais peuvent

---

(1) Archives de l'Aube, C. 312.
(2) Guyot, *Répertoire*, VIII, 416-426 ; Isambert, XXII, 248 et Archives de l'Aube, C. 693, 1176.

obtenir le prêt de ces étalons (1). Nous voyons aussi le Roi confier aux cultivateurs des chevaux de l'armée (2). Enfin l'intendant s'efforce par des circulaires de propager diverses méthodes utiles, entr'autres la création de ces prairies artificielles (3) qui constituent peut-être le plus grand des progrès faits par l'agriculture en Champagne depuis un siècle (4). La création de la pépinière royale de Troyes rentre en un certain point dans cet ordre d'idées. Elle ne fournit pas seulement des arbres aux routes, les particuliers obtiennent de l'intendant des concessions d'arbres (5).

Parmi les règlements que l'expérience n'a pas justifiés nous rangerons celui du 3 juin 1731 (6), qui défendait de planter de la vigne dans un terrain qui n'aurait pas été précédemment employé à cette culture ; quand cette culture avait été interrompue pendant deux ans, ce règlement interdisait de la reprendre sans une autorisation du Roi; l'autorité prétendait par là empêcher le renchérissement des denrées nécessaires à la vie. Cette prescription fut d'abord exécutée. Nous avons encore une ordonnance rendue le 7 mars 1753 par l'intendant de Barberie pour rappeler, en cette matière, ses administrés au respect de la loi (7). Les archives de l'Aube contiennent les procès-verbaux d'un grand nombre d'expertises

---

(1) Archives de l'Aube, C. 391.
(2) Archives de l'Aube, C. 1176.
(3) Archives de l'Aube, C. 398, 1176.
(4) Sur l'intervention du gouvernement en matière de méthodes agricoles, voir La Poix de Fréminville, *Traité du gouvernement des biens et communautés d'habitants*, IV, p. 558 et suivantes.
(5) Archives de l'Aube, C. 1097-1842.
(6) Arrêt du Conseil, imprimé dans Guyot, *Répertoire*, XVII, 526 et cité par Isambert, XXI, 361.
(7) Archives de l'Aube, C. 1146.

faites pour vérifier s'il y a lieu ou non d'accorder l'autorisation demandée par divers particuliers de planter des terrains en vigne (1). Puis l'administration eut la sagesse de laisser tomber en désuétude cette restriction inintelligente à la liberté des cultures.

Nous signalerons enfin les mesures prises pour empêcher la multiplication exagérée des colombiers (2), et une prohibition locale et momentanée de la vaine pâture (3).

L'intendant était considéré par les populations comme le protecteur né des intérêts agricoles, les cultivateurs s'adressaient à lui dans toutes les affaires sérieuses ou non qui les préoccupaient. L'intendant est appelé par des requêtes à examiner, avec son subdélégué, quels graves dangers peut présenter la fréquentation d'un abreuvoir par des oies (4), et si un propriétaire peut forcer un voisin à couper des noyers où se réfugient les hannetons qui dévastent le vignoble environnant (5).

(1) Archives de l'Aube, C. 895-1322-1450-1468 etc.
(2) Archives de l'Aube, C. 295-448-1133.
(3) Archives de l'Aube, C. 1570.
(4) Archives de l'Aube, C. 645.
(5) Archives de l'Aube, C. 1269.

CHAPITRE XI

STATISTIQUE

Les travaux de statistique tiennent aujourd'hui dans les bureaux des préfectures et dans ceux des ministères une place considérable ; il en résulte une multitude de beaux tableaux dont tout l'honneur revient à de hauts fonctionnaires qui n'ont que la peine de les signer ; et souvent ni ces hauts fonctionnaires, ni les auteurs irresponsables ne se sont préoccupés de vérifier l'exactitude des renseignements qui ont fourni les éléments fondamentaux des calculs compliqués dont ils livrent au public le résultat. L'administration française n'est pas arrivée du premier coup à cette organisation savante.

La France du XVII° siècle n'avait guère d'autre statistique que les états de feux ou ménages qui servaient de base à l'assiette des impôts. En multipliant le nombre des feux par cinq on trouvait le chiffre approximatif de la population (1). Au XVIII° siècle, on voulut faire mieux : D'après l'ouvrage intitulé *Statistique de la France, territoire et population*, p. IX et 154, il aurait été fait en

---

(1) Coquelin et Guillaumin, *Dictionnaire de l'économie politique*, au mot *Population*, II, 406.

1762 un dénombrement individuel des habitants de toutes les Généralités. On a contesté la réalité de ce dénombrement dont les résultats seuls sont connus (1). Il est certain que nous n'en avons trouvé aucune trace. Le premier dénombrement individuel de la population de la Champagne paraît avoir été commencé en 1787 et fini en 1788. Les syndics de chaque communauté devaient faire connaître le nombre d'hommes et de femmes mariés, de veufs et de veuves, de garçons et de filles de leur paroisse. Les réponses données par une partie d'entre eux subsistent encore et montrent que le sens des mots garçon et fille échappait à la plupart de ces respectables fonctionnaires. Dans la seconde moitié du XVIII° siècle on ne se contentait pas de renseignements sur la population. Nous voyons l'intendant de Champagne faire dresser par ses subdélégués des états des forêts, des houillières (2), des forges, des manufactures de toute sorte, des métiers, des récoltes, des défrichements, du vin, des denrées (3). Toutefois, le recensement de la population est la partie la plus intéressante de ces travaux de statistique ; c'est ce qui nous décide à terminer ce chapitre par deux tableaux qui concernent la population de l'Élection de Troyes. L'un remonte au XVII° siècle, il est extrait du manuscrit de la Bibliothèque nationale coté 500 de Colbert 273 ; l'autre est de 1787 et fait partie de la liasse C. 1171 des Archives de l'Aube.

(1) *Dictionnaire de l'économie politique*, au mot *Recensement*, II, 406.
(2) Archives de l'Aube, C. 300.
(3) Archives de l'Aube, C. 1171, 1175.

NOMS des COMMUNAUTÉS	NOMBRE DES FEUX en 1665	MONTANT DE LA TAILLE en 1659

ÉLECTION DE TROYES

DOYENNÉ DE TROYES

Saint-Martin-les-Troyes	401	5603
Sainte-Savine et La Rivière-de-Corps	271	4061
Saint-André, Échenilly		
Laines-Boureuses	377	3777
Rosières et Viélaines		
Les Noës	152	2298
Crancels	61	1019
Torvilliers	112	1305
Linson, Lépine	161	2900
Saint-Germain, Les Bachets		
Laines-aux-Bois	204	4761
Chevillèle et Breban	32	404
Bouilly et Soligny	342	3163
Sommeval	78	1012
Saint-Phal et Le Perchois	294	3755
Chamoy	243	2779
Crésantine	94	1692
Mâchy et Pommeraye	52	818
Loge-Pomblain	17	276
Saint-Jean-de-Bonneval	202	2461
Lirey et Villery	209	1852
A reporter	3302	43848

NOMS des COMMUNAUTÉS	NOMBRE DES FEUX en 1665	MONTANT DE LA TAILLE en 1659
Report......	3302	43848
Javernant............	69	1017
Vilky-le-Maréchal............	122	1660
Saint-Pouange............	64	1040
Saint-Léger............	130	1446
Courgerenne............	29	341
Sancey, Vilpart............	110	1439
Moussey............	51	925
Villemereuil............	57	911
Bierne............	22	298
Savoye............	15	275
Isle et Chantemerle............	18	1297
Virloups-d'Isle............	18	498
La Borde-d'Isle............	35	742
Vendue-Mignot............	38	552
Cormost............	30	628
Bray............	26	518
Saint-Thibault............	50	921
Loges-Margueron............	50	1074
Palluau............	»	255
Vaudes............	65	826
Cerres et Monceau............	83	1290
Rumilly-les-Vaudes............	115	2046
Fouchères et Vaux............	80	1299
Chappes............	83	1002
Villemoyenne............	86	2198
Saint-Parres-les-Vaudes............	43	1112
Clérey et Courcelles............	100	1981
A reporter......	4921	71539

STATISTIQUE

NOMS des COMMUNAUTÉS	NOMBRE DES FEUX en 1665	MONTANT DE LA TAILLE en 1659
Report..........	4921	71539
Fresnoy.................	33	462
Saint-Aventin.............	11	229
Verrières...............	53	835
Bussières...............	55	1157
Rouilly-Saint-Loup.........	30	420
Rouillerot et La Planche......	21	610
Menois.................	25	489
Dauldes...............	31	814
Saint-Martin-les-Dauldes.....	13	152
Montaulin..............	59	999
Montaubert.............	18	517
Lusigny................	93	1852
Beaumont-Larivour.........	27	1254
Montiéramé.............	119	2981
Montreuil..............	69	1430
Aillefol................	101	1252
Rouilly-les-Sacey..........	70	1317
Dosches...............	54	952
Rosson................	44	736
Laubressel.............	109	2039
Courterange............	39	889
Ruvigny...............	19	302
Tennelières............	52	893
Saint-Parres-au-Tertre......	93	1667
Belley................	29	460
Villechétif.............	43	624
Bouranton.............	43	1089
A reporter......	6256	97960

NOMS des COMMUNAUTES	NOMBRE DES FEUX en 1665	MONTANT DE LA TAILLE en 1650
Report......	6256	97969
Assencières et Le Mesnil-Sellières.	182	3825
Luyères................	84	1029
Fontaine-Luyères.............	30	255
Colaverdey................	92	1566
Vailly et Feuges............	»	1593
Créney................	93	754
Pont-Sainte-Marie...........	124	2266
Lavau et La Valotte..........	95	2490
Sainte-Maure..............	37	1013
Vannes................	56	682
Culoison...............	95	2759
Saint-Benoît-sur-Seine........	67	975
Mergey................	130	2345
Saint-Sépulchre	75	1398
Chauchigny..............	94	1996
Chapelle-Vallon............	105	2114
Chapelle-Saint-Père	107	1705
Sainte-Sire...............	121	2366
Savières................	149	3780
Virloups-Pavillon	90	548
Barberey-Saint-Sulpice........	66	925
Chapelle-Saint-Luc	81	1127
Saint-Lyé...............	105	1299
Villacerf................	42	597
Barberey-aux-Moines..........	26	535
Payens................	109	1934
Pavillon	117	1371
A reporter......	8626	141203

STATISTIQUE

NOMS des COMMUNAUTÉS	NOMBRE DES FEUX en 1665	MONTANT DE LA TAILLE en 1659
Report......	8626	141203

DOYENNÉ DE VILLEMAUR

Massey, Montgueux............	238	3176
Messon, Prugny.............	138	1741
Fontvannes................	79	828
Saint-Lyébaut.............	189	1230
Villemaur................	»	1392
Neuville.................	50	642
Dierrey-Saint-Julien........	117	1025
Dierrey-Saint-Pierre.........	120	1506
Fols et Villecerf............	62	1492
Mesnil-Saint-Loup..........	46	878
Villadin.................	»	864
Paslis..................	162	3207
Plantis.................	78	1114
Saint-Benoit-sur-Vannes......	53	1182
Paisy-Cosdon.............	71	1206
Aix-en-Othe.............	315	5900
Villemoiron..............	87	970
Saint-Mards.............	327	4213
Marais.................	213	3108
Chennegy..............	169	1872
Bercenay-en-Othe.........	121	1067
Vauchassis..............	229	2362
Bussey................	64	818
A reporter......	11534	183556

NOMS des COMMUNAUTÉS	NOMBRE DES FEUX en 1665	MONTANT DE LA TAILLE en 1659
Report......	11534	183556

DOYENNÉ DE MARIGNY

Echemines..................	58	1633
Marigny....................	67	1297
Saint-Flavy................	80	2764
Ossey......................	73	2047
Origny.....................	126	2224
Orvilliers..................	»	1981
Saint-Mesmin...............	68	1884
Fontaine-Saint-Georges......	33	550
Vallant-Saint-Georges.......	62	2081
Chastre....................	91	1579
Mesgrigny..................	1	102
Maizières-la-Grande-Paroisse.	195	5079
Saint-Loup-de-Buffigny......	48	1019
Saint-Père-de-Bossenay.....	48	1031
Avon.......................	75	1564
Charmoy...................	29	717
Soligny-les-Étangs..........	73	1344
Trancault..................	50	1204
Villeneuve-aux-Riches-Hommes	»	303
Charmeceaux...............	8	170
Bourdenay.................	90	1125
Bercenay-le-Hayer..........	70	873
Marcilly-le-Hayer...........	130	2285
A reporter......	13029	218414

STATISTIQUE

NOMS des COMMUNAUTÉS	NOMBRE DES FEUX en 1665	MONTANT DE LA TAILLE en 1659
Report......	13029	218414
Somme-Fontaine.............	51	1296
Prunay....................	44	842

DOYENNÉ DE PONT

Villenauxe.....	824	2915
Mont-le-Pothier...............	109	1842
Saint-Fergueil................	110	1998
Chapelle-Saint-Nicolas	36	1124
Chalautre-la-Grande...........	189	5070
Villegruis...................	63	1938
Bonsac.....................	12	510
Saint-Martin Chennetron........	36	1073
Nesle	26	367
Fontaine-sous-Montaiguillon.....	39	1281
Bouchy-le-Repos	34	685
Bricot-la-Ville et l'Abbaye.......	21	303
Lavau et Montaiguillon	32	1173
Saint-Bon...................	49	1436
Les-Essarts-le-Vicomte.........	89	1474
Chatillon-sur-Morain	»	612
La Forestière................	61	1759
Celle-sous-Chantemerle	77	1243
Chantemerle.................	26	262
Fontaine-Beton	105	2764
Montgenost.................	56	1159
A reporter......	15085	251540

NOMS des COMMUNAUTÉS	NOMBRE DES FEUX en 1665	MONTANT DE LA TAILLE en 1659
Report......	15085	251540
Potangis.................	41	741
Conflans.................	82	777
Esclavolles.............	43	731
Villiers-aux-Corneilles.........	39	732
DOYENNÉ D'ARCIS		
Arcis........................	184	3282
Les Torcys.............	126	1611
Saint-Nabord et Le Mesnil......	139	2487
Voix-Poisson	37	381
Chauderey et Ortillon..........	162	2580
Ramerup.................	140	2156
Isle-sous-Ramerup............	104	1750
Vignets....................	61	766
Aubigny.................	48	770
Granville...............	114	1205
Dosnon.................	75	1326
Mailly..................	211	2782
Semoines...............	197	3308
Villier-les-Herbisse...........	111	2257
Herbisse................	94	1611
Allibaudières...........	66	1561
Le Chêne...............	58	514
Orme..................	77	970
Viaspre-le-Grand............	29	460
Via-pres-le-Petit............	50	560
A reporter......	17373	286838

NOMS des COMMUNAUTÉS	NOMBRE DES FEUX en 1665	MONTANT DE LA TAILLE en 1659
Report......	17373	286838
Salon et Champfleury..........	130	2238
Faux-Frenoy................	147	2096
Angluzelle..................	54	998
Courcemain.................	51	907
Boulage....................	97	1794
Abbaye-sous-Plancy.........	22	274
Plancy.....................	187	408
Charny-le-Bachot...........	63	943
Longueville.................	49	1463
Estresles...................	61	1335
Clesles.....................	145	4132
Saint-Oulph................	40	150
Méry.......................	187	5163
Droup-Saint-Basle...........	144	2607
Droup-Sainte-Marie..........	71	1076
Premierfait.................	57	735
Règes......................	76	735
Baissy.....................	42	458
Pouan......................	196	4053
Villette....................	40	397
Nozay.....................	26	438
Saint-Étienne-sous-Barbuise....	30	383
Saint-Remy.................	25	163
Montsuzain.................	111	1750
Aubeterre..................	»	413
A reporter......	19424	321967

NOMS des COMMUNAUTÉS	NOMBRE DES FEUX en 1665	MONTANT DE LA TAILLE en 1659
Report......	19424	321967
DOYENNÉ DE MARGERIE		
Saint-Ouyn................	134	1960
Domprot..................	»	90
Poivre et Sainte-Suzanne	168	2446
Arambécourt et Chasséricourt....	143	1917
Chastillon-sur-Broué............	15	532
Pelmontier................	105	2520
Magnicourt................	95	1592
DOYENNÉ DE BEAUFORT		
Beaufort..................	155	2635
Villeret	67	559
Lentilles	117	1842
Chavanges et Labrau...........	316	5066
Arigny....................	2	90
Nuisement et Chantecoq	43	873
Escolemont...............	12	200
Voulliers	34	502
Montcels..................	32	547
Frignicourt................	44	905
Cloix-sur-Marne	33	478
Norroix...................	34	594
A reporter......	20973	347345

STATISTIQUE

NOMS des COMMUNAUTÉS	NOMBRE DES FEUX en 1665	MONTANT DE LA TAILLE en 1659
Report.....	20973	347345
Maügnicourt................	18	378
Isles-sur-Marne............	27	257
Goncourt..................	14	297
Bignicourt................	11	202
Hauteville et Haute-Fontaine....	102	1155
DOYENNÉ DE BRIENNE		
Blaincourt et Vaubercey.......	96	2254
Mathaux..................	98	2349
Ville-sur-Terre.............	116	1465
Rances...................	»	1104
Lesmont..................	121	2118
Précy-Saint-Martin...........	126	2025
Précy-Notre-Dame...........	20	427
Brévonne.................	114	1288
Villehardouin..............	78	1473
Auzon...................	93	1352
Molins...................	29	100
Pougy...................	250	5070
Nogent-sur-Aube............	330	5636
Avans...................	102	2303
Le Mesnil-Lettre............	79	1526
Longsaux.................	75	502
Montaingon...............	60	906
Villevosque...............	63	735
A reporter......	22992	382267

NOMS des COMMUNAUTÉS	NOMBRE DES FEUX en 1665	MONTANT DE LA TAILLE en 1659
Report......	22992	382267
Pigney............	240	4061
Rachisy............	4	132
Brantigny.........	40	699
Auzon.............	97	1373
Bony..............	55	695
Sacey.............	39	1219
Total......	23467	390648

TABLEAU STATISTIQUE

DE L'ÉLECTION DE TROYES EN 1787

CHAPITRE ONZIÈME

COMMUNAUTÉS	FEUX	TAILLE et ACCESSOIRES	MARC de la TAILLE	MARC des ACCESSOIRES
Aix-en-Othe............	330	5158 l 5d 5s	2s 8d 3/4	30s 8d 13/16
Allibaudières............	80	2933	3 11 1/5	30s 9d 3/4
Amgluselle.............	56	1677	3 6 6/8	»
Arcis-sur-Aube.........	564	8958 17	3 3/8	31 9 6/8
Argentolle.............	14	316	2 1/8	29 11
Assenay...............	52	1473 12	3 2 1/2	35
Assencières............	45	821 3	3 3/4	31
et Le Mesnil-Sellières.	113	2232 16	3 3/4	31
Aubeterre..............	50	1071 5	2 10 1/8	....
Aubigny...............	68	2043 10	3 5 1/4	30 11 1/2
Auzon.................	73	1833 10	3 3 6 8	31 2
Avant.................	78	1739 17	2 5 3/8	31 1
Avon..................	72	1603 5	2 6 1/4	32
Barberey-aux-Moines...	28	1310 10	3 4 1/2	30 9 1/2
Barberey-Saint-Sulpice..	52	2278 15	3 5 1/2	30 5
Le Seigneur a de plus	....	....	....	....
Beaumont-Larrivour....	26	2478 17	2 11 3/4	30 11
Bellay.................	33	839	2 9 4/8	30 8
Bercenay-en-Othe......	132	2226 5	2 8 1/4	31 10 1/3
Bercenay-le-Hayer.....	50	2173 15	3 3/8	34 11
Bessy.................	32	1572	30 11 3/8	30 11 3/2
Bierne................	29	1035 14	3 4 1/4	31 5 1 8
Blaincourt.............	68	2901 3	2 9 3/4	31 4 1/2
et Epagne............	77		....	....
Bonsac................	10	1093 2	2 11 1p	31 6
Bouchy-le-Repos......	33	1697 12	3 7 1/4	31 6
Bouilly...............	182	3352	2 7	30 8
Boulage...............	89	3456 5	3 8 2/8	5 9 du r.
Bouranton.............	65	1238 16 7	2 9 4 8	30 11 6/8
Bourdenay.............	56	1890 16	3 4 7/10	32 6 1/2
Bouy..................	75	1381 7	2 8 1/2	31 3 1/3
Brantigny.............	30	1167 7	3 4	5 3 du r.
A reporter......	2662	63955 l 5s d		

STATISTIQUE

VINGTIÈME	TACHE A L'ANCIENNE CORVÉE	SUBVENTION en ARGENT	CHEVAUX	VACHES	MOUTONS et BREBIS	COCHONS
1495ˡ 9ˢ 6ᵈ	342ˡ de remb.	859ˡ 14ˢ 2ᵈ	120	300	690	115
698 3 6	630	520	36	100	400	57
538 17 9	818	350	51	111	185	18
3115 18 9	1284	1539 17 6	138	193	300	331
186 12 6	172	32 2 6	14	30	»	14
551 14 9	18ᵗᶜ de déblai et remblai	234 7 6	14	30	150	12
272 18 6	500	140 12 6	29	25	200	15
714 3 9	800	381 5	65	100	350	50
362 7 6	414	179 3 4	24	34	258	10
483 2 6	210	337	26	50	»	»
536 13 3	1902	316	50	54	400	80
572 18 3	480	294	50	45	300	24
850 13 9	264	269 15 10	44	60	400	20
275 16 3	180	215 12 6	14	80	150	20
1265 17 6	330	378 2 6	13	100	200	40
. . . . . .	. . . .	. . . . . .	7	15	150	3
N. Attendu que tous les biens du finage appartiennent à l'abbaye de Larrivour.	414	450	180	200	1200	40
165 18 6	255	143 15	13	60	160	20
727 4 6	51ᵗᶜ 3ᵖ ch. n.	359	40	84	403	31
936 8 9	700ˡ	346 17 6	35	50	600	8
499 3 6	560	269 15 9	50	100	300	20
240 10 6	100	172	16	30	200	18
1203 3	1000	297 15	80	50	300	30
	500	224	30	50		40
326 13	13ᵗᶜ de pier.	184 7 6	24	30	360	11
552 19 3	36ᵗᶜ	288 10 10	34	54	780	20
1599 5 3	9ˡ 4ᵖ ch. n.	340	16	120	250	40
1132 6	618	580 4	80	285	500	20
432 8 3	775	211 9 2	25	60	300	60
421 18 6	700	302	36	70	800	24
374 8	72 déb. remb.	238 2 6	36	60	500	40
420 13 9	25ˡ chem n.	211 9 2	55	51	200	24
20974ˡ 8ˢ 9ᵈ		10666ˡ 19ˢ 11ᵈ	1415	2681	11926	1255

CHAPITRE ONZIÈME

COMMUNAUTÉS	FEUX	TAILLE et ACCESSOIRES	MARC de la TAILLE	MARC des ACCESSOIRES
Report........	2662	63955ˡ 5ˢ ᵈ		
Bray...............	26	812 15	3ˢ 2ᵈ 1 4	30ᵈ 11ˢ 1/2
Brévonne...........	164	3404 10	3 6 3/8	31 3/8
Bricault............	22	678 17	3 1 1/6	32 6
Buchères	68	1363 »	2 11	30 8 1/2
Bussey	89	1650 15	2 6 4/5	30 10 1/2
Chalautre	217	5915 5	3 5	32 1 1/2
Chamoy...........	230	3892 6	2 3/8	32 7 3/8
Chantemerle........	34	891 10	2 7 3/4	30 7 1/2
Chapelle-Saint-Luc.....	71	2660 15 6	2 9 5/8	31 6
Chapelle-Saint Nicolas...	64	2750 5	3 1	30 11 1/2
Chapelle-Saint-Père ...	229	3685 12	2 7 2/3	30 11
Chapelle-Vallon........	167	2240 2	2 5 4/8	31 1
Chappes............	104	2108 16	3 11	31 3
Charmeceaux..........	4	394 15	3 5 1/5	30 8 1/3
Charmont...........	140	3444 2	2 7 3/4	
Charmoy............	28	865 5	3 9 3/4	35 9 1/3
Charny.............	58	2171 7	2 11 4/8	31 4 4/8
Châtillon...........	60	1757 13	2 4 1/4	31 9
Châtres............	102	3404 10	3 1 6/8	
Chauchigny..........	81	2357 10	3 2 6/8	31 6
Chaudrey...........	80	2061 9	3 9 1/4	30 9
et Ortillon......		688 16	3 9 1/4	30 9
Chennegy...........	226	2535 15	3 1 1/4	30 10
Chevillelle.........	21	628 15	2 9 3/4	32 10
Clérey.............	210	5497 10	»	»
Clesles............	125	4714	3 4 2/8	31 1 2/8
Coclois............	60	1390 10	3 9 3/8	30 7
Conflans...........	114	2985 10	3 8	30 8
Cormot............	50	1363	2 9 1/2	30 8
Courgerennes........	21	760 5	2 9 1/2	30 9
A reporter......	5527	133027ˡ 12ˢ 4ᵈ		

STATISTIQUE

VINGTIÈME	TACHE A L'ANCIENNE CORVÉE	SUBVENTION en ARGENT	CHEVAUX	VACHES	MOUTONS et BREBIS	COCHONS
20074¹ 8ˢ 9ᵈ		10666¹ 19ˢ 11ᵈ	1445	2681	11926	1265
150	»	139 11 8	15	25	100	10
854 15'	785ᵗ	607 6	200	200	900	407
306 16	32	112	13	30	250	6
861 5 6	213	216	26	40	200	20
746 8	10ᵗᵉ de déblai et remblai	269 10	28	117	530	22
1808 4 6	171 de déblai et remblai	968	62	143	1450	20
1605 19 5	11ᵗ 2ᵖ ch. n.	657 18 4	60	161	877	81
250 3	20ᵗ dépassé	142	22	30	370	42
1115	•90	432	6	83	150	14
900 7 9	64ᵗᵉ de déblai et remblai	472 18 4	22	100	500	15
917 5 3	.41ᵗᵉ de caill.	612 10	77	111	251	107
650 8 6	22ᵗᵉ de caill.	368 15	48	75	410	72
1426 4 3	666ᵗ	260 8 4	25	82	415	42
»	30ᵗᵉ	64	10	8	250	3
1216 16 6	1188ᵗ	585 8 4	78	100	500	70
342	120	134 7 6	24	20	300	6
859 2 6	472	360 8	55	120	500	36
669 3 9	59	297 13 8	26	80	600	30
1123 12 9	648	286 8 4	60	192	250	40
667 2	550	382 5 10	50	220	300	64
824 3 4	1123	472 18 4	36	75	240	40
730 18	150ᵗᵉ de déblai et remblai	598 19 6	42	160	180	40
251 15	201	103 3 6	10	40	100	20
2745 2 9	840	989 11 8	250	162	1220	63
1772 5 6	303	810 8 4	95	210	400	48
675 19	150	252 1 8	25	50	»	»
979	130 encaisseᵗ.	513 10 10	12	80	200	15
287 15	300	234 7 6	25	40	200	25
433 12 6	180	130 4 4	17	30	100	17
22145¹ 14ˢ 6ᵈ		22141¹ 14ˢ 11ᵈ	2864	5465	23969	2630

COMMUNAUTÉS	FEUX	TAILLE et ACCESSOIRES	MARC de la TAILLE	MARC des ACCESSOIRES
Report..........	5527	13302ˡ 12ˢ 1ᵈ		
Courcemain	35 1/2	1310 16	3ˢ 1ᵈ	»
Courteranges	58	2043 10	3 1 4/8	30ˢ 9ᵈ 7 8
Crenay.............	105	2305	»	»
Crésantignes	132	1833 10	2 4	30 10
Croncels..........	95	1747 2	2 3 1/4	31 10
Plus les pères Chartreux 26 personnes compris les domest....				
Les dames carmélites 35 personnes compris les domest....				
Culoison.	47	3666	3 4 1/2	31
Daudes............	30	1782 15	3 8 4/8	»
Dierrey-Saint-Julien ..	102	2176 15	2 6	»
Dierrey-Saint-Pierre....	120	3430 16	3 3 1/2	»
Doscho	30	1063 15	3 8 4/8	»
Dosnon	82	2288 12	3 1	31 8 3/4
Droupt-Saint-Basle.....	109	3509 10	3 2 7/8	31
Droupt-Sainte-Marie....	64	3011 15	3 3 3/4	31 12/19
Echemines............	50	934 12	3 5/8	31 1 5/8
Echenilly...........	76	1494 5	3 9 1/4	30 8 6/8
Esclavolles..	41	1468	3 2	30 9
Estissac..	274	4451 10	2 3 3/8	31 1
Estréles.	46	2252 10	3 3 1 8	30 9 4/8
Faux-Frenay.......	115	3299 10	3 4 2/8	5 4 du rev.
Fay.....	72	1101 10	2 9 1/2	30 8
Fols-Villecerf...	87	2381 12	3 1 3/4	»
Fontaine-Beton	116	2487 10	2 11 1/2	31
Fontaine-Luyères.......	30	754 16	1 10	31 8 60/108
Fontaine-Saint Georges.	55	1363 »	2 10 1/8	31
Fontaine-sᵗ-Montaiguillon	32	1416 10	2 10 1 4	32
Fontvannes..	63	1624 10	2 11 5 8	30 11 3/8
Fouchères......	102	1579 4	2 4 2/8	31
Fresnoy	42	811 5	2 10 2/8	»
Géraudot.....	144	2985 10	3 8	31
Granville	81	1884 19 6	3 9 3/4	32 2
Herbisse........	95	2252 10	2 9 11/16	30 8 5/8
A reporter	8037	197750ˡ 11ˢ 7ᵈ		

STATISTIQUE

VINGTIÈME	TACHE A L'ANCIENNE CORVÉE	SUBVENTION en ARGENT	CHEVAUX	VACHES	MOUTONS et BREBIS	COCHONS
22145ˡ 14ˢ 6ᵈ		22141ˡ 14ˢ 11ᵈ	2864	5465	23969	2630
555 8 3	8ᵗᵒ	229	31	58	209	6
344 15	»	378 2 6	48	100	300	30
1121 4 6	1040	395 16 8	49	159	500	100
581 12	7ᵗ chem. n.	465	28	36	150	15
273 12 9	864	291 13 4	16	4	»	10
....	....	....	5	7		6
....	....	....		4		2
1010 1 6	919	612 10	30	107	300	50
623 8 6	80	301 10	40	45	100	20
631	560	360 8 4	47	100	700	36
1092 4 3	660	558 6 8	60	120	700	70
384 15 6	20ᵗ chem. n.	166 13 4	27	52	200	12
694 12	140	387 10	52	77	900	60
476 12 6	630	603 3	9	300	800	75
1033 17 9	433	517 14 2	75	136	416	42
458 15 9	800	147 18 4	38	50	800	30
502 11	320	269 16 2	23	112	»	46
1124 17 6	34ᵗᶜ de ch. n	252 1 8	21	105	300	16
4777 5 3	252	765 12 6	60	265	1098	98
832 18	246	372	59	118	418	37
1306 18 9	632	567 14	68	180	500	54
218 15 3	54	173	8	26	80	5
719 5 9	468	405 4 9	56	90	450	25
1243 1 3	64	427 1 8	58	130	500	52
324 8	160	77	20	3	283	20
439 19	245	237	30	40	400	30
482	116	225	24	70	450	12
765 3 3	»	269 15 10	87	70	700	20
564 19	606	269 15 9	46	108	800	50
269	171	132	30	40	200	20
1151 6 3	324	513 10	160	250	1400	80
551 9	324	302	31	55	220	»
851 10 9	1024	354	50	116	300	26
47553ˡ 2ˢ 9ᵈ		33169ˡ 13ˢ 7ᵈ	4331	8598	38143	3785

CHAPITRE ONZIÈME

COMMUNAUTÉS	FEUX	TAILLE et ACCESSOIRES	MARC de la TAILLE	MARC des ACCESSOIRES
Report	8037	197750 l 11 s 7 d		
Javernant............	94	1557 15	2 9 1/4	32
Jeugny............	135	1912 5	2 6 3/4	30 8
Isle-Aumont	66	2441 7	3 4 3/4	31
Isle-sous-Ramerupt. ...	89	1624 10	3 3 3/4	30 9
L'Abbaye-sous-Plancy...	30	1153	3 3 6/8	
La Borde-d'Isles	29	1336 15	3 1 4	30 10 1/2
La Forestière	71	2332 18	2 9 1/4	31 7
La Loge-Pomblain.	39	626 7	2	32 5
Laines-aux-Bois	182	1190	3	30 9 1/2
Lantilles............	91	1886 5	2 8 2/4	31
La Rivière-de-Corps....	88	1995 10	2 11	31 7 1/2
La Saussotte..........	168	4892 12	3 2 1/2	31 2
La Scelle..........	80	1962 7	3 11 1/4	31 6
Laubressel............	102	3033 17 9	2 5 2/8	31 5
Lavau.............	94	4032 10	3 5 3/4	30 11 5 8
La Vendue-Mignot.....	30	897	2 8	32 4
Le Chêne............	104	2959 5	3 3 1/4	31
Lépine-Saint Germain...	105	3718 2	3	31
Le Mesnil-Lettre	33	545 7	1 6 4 8	32 7
Le Grand-Torcis	81	2112 10	3 5 5/8	31 1 3 8
Le Petit-Torcis..	48	1292	3 5 5/8	31 1 3 8
Les Essarts..........	61	2041 2 6	2 7 1/4	31 3
Les Loges-Margueron ...	92	1409 10	7 3 1/2	32 5
Lesmont ,.	127	2095	2 7 1/2	30 11 2/3
Les Noës............	58	1222 12	3 7 1/2	31 8 1/2
Lirey.....	87	1642	2 11 1/4	31 8
Longeville..........	52	1416 15	2 11 1/4	35 10
Longueville	49	2462 10	3	30 10 6/8
Longsols............	70	1782	2 10 1/7	31
Louan.,............	44	1495 7	3 4 1/4	32
Lurey............	25	944	2 10 3/4	30 7 1/2
Lusigny	193	5236	2 6 1/2	31 2
A reporter	10645	265999 l 19 s 1 d		

STATISTIQUE

VINGTIÈMES	TACHE A L'ANCIENNE CORVÉE	SUBVENTION en ARGENT	CHEVAUX	VACHES	MOUTONS et BREBIS	COCHONS
47553ˡ 2ˢ 9ᵈ		33169ˡ 13ˢ 7ᵈ	4331	8598	38143	3785
875 15	21ᵗᶜ 3ₚ	247	5	50	300	28
533	495	314	50	102	260	28
2021 1 9	286	418 15	30	70	200	20
539 3	210	279 3 4	25	60	200	»
288 3	293	197 18 4	24	60	150	6
302 12 9	500	229 3 4	28	40	230	15
1092 14 9	20ᵗ de ch. n.	373 19 2	36	150	800	26
191 10 9	100	103 2 6	24	60	400	20
1488 10 3	150ᵗᵉ de terr.	702 8	35	175	400	39
1105	67ᵗ de débl.	337 10	120	109	150	40
872 12 6	32ᵗᵒ 3ₚ terr.	391 13 4	26	90	550	40
2021 18 9	»	804	66	300	1200	»
848 14 9	24ᵗᵒ de caill.	346 17 6	40	78	540	52
632 2	612ᵗ	466	70	111	600	52
1690 14	980	648	15	80	200	25
188 3 9	270	147 18 4	15	30	100	20
1176 2 3	550	505 4 2	50	170	500	60
1160 1	23ᵗᵒ de terr.	609	35	74	250	44
396 11 3	584	80 4 2	40	25	350	20
930	750	363 10	30	29	130	64
	400	221	21	100	200	40
553 1 3	30ᵗᵒ de débl. et remblai	346 17 6	39	94	830	36
1081 15 6	1800	229 3 4		50	»	33
1089 3 6	117ᵗᵒ de grès.	409	60	80	600	50
271 6	72	198	7	60	»	50
674	175	277 3 4	14	25	100	15
92 19 3	67	225	20	24	300	24
844 6 8	294	422 18 4	40	188	280	40
696 10	405	297	45	50	400	25
622 18	19 de terras. et 20 de grève	252 1 8	28	50	400	20
81 13 6	4ᵗᵒ 4ₚ	155	14	48	200	8
1144 3 9	180ᵗ	971 17 6	115	210	1700	»
73089ˡ 11ˢ 8ᵈ		44740ˡ 2ˢ 5ᵈ	5498	11440	50660	4667

CHAPITRE ONZIÈME

COMMUNAUTÉS	FEUX	TAILLE et ACCESSOIRES	MARC de la TAILLE	MARC des ACCESSOIRES
Report........	10645	265999 19s 1d		
Luyères	80	1618 12	2s 11d 1 4	31s 5d 5/11
Machy..	57	1033 19	2 8 1/2	31 6 1 2
Maignicourt	59	1429	3 9	30
Mailly...........	169	3561	2 4 1 7	30 8 1/4
Maizières	233	6440	3 6	5 5 de rev.
Marais et La Perrière ..	292	4529 5	3 4 3 4	31 1
Marcilly-le-Hayer	112	2726 12	3 8 1/4	32
Marigny.........	92	2445 18	3 4 1/2	31 7
Massey	112	4029 14	2 7 7/8	31 4 1 4
et Montgueux..	101		2 7 7/8	31 4 1 4
Le Ménil-Vallon.... ...				
Mathault	122	2148 10	3 2 3/4	31
Maupas...........	52	699 2	2 3/4	32 1 1/2
Menois.........	37	1201 7	3 1 4/8	
Mesgrigny	11	812 15	3 4	
Mesnil-Saint-Loup	54	1329 10	3 3/4	
Messon....	82		2 8 5/8	30 7 1/16
et Prugny	62	2462 10		
Mergey...........	102	2889 10	3 4	31 1
Méry-sur-Seine.......	270	5367 5	2 4 6/8	4 2 1/4
Montabert......	18	731	3 5 1/8	»
Montangon	108	1519 10	3 1 4/8	31
Monceau.........	79	2043 10	3 1 3/4	30 10 1/2
Montreuil..........	95	3576 13	2 10 3/8	31
Montaulin	66	2410	3 6 4/8	»
Montginot...	64	1444	3 2	31 9 1/2
Montiéramey	150	3011 15	3 1/4	30 9
Mont-le-Potier.........	168	2880 5	3 2 1/2	31 3 1/2
Montsuzain.	67	1291 10	3 3 1/4	32
et Voué...	71	1784 14	3 3 1/4	32
Molins.....	34	1299 14	3 1/8	32 7 3/8
Moussey	47	1586 7	3 2	31 2
A reporter	13651	333407 15s 1d		

STATISTIQUE

VINGTIÈMES	TACHE A L'ANCIENNE CORVÉE	SUBVENTION en ARGENT	CHEVAUX	VACHES	MOUTONS et BREBIS	COCHONS
73089ˡ 11ˢ 8ᵈ		41740ˡ 2ˢ 5ᵈ	5498	11440	50660	4667
660 7 2	64ᵗᵉ de terrˡ.	175	50	60	250	50
351 11	12ᵗᵉ	165 12 6	6	30	60	15
485 12 9	31ᵗᵉ 1/2	242 14 6	41	72	260	52
1162 8 6	917	585 8 4	82	207	630	97
1964 3 6	960	1080 4 2	54	236	560	110
6140 7 9	68ᵗᵉ de terrˡ.	770 16 8	71	205	844	73
1298 16 3	1863	459 7 6	50	100	800	40
1251 1	471	414 11 9	50	92	600	30
801 4 3	»	372	33	60	350	25
1226 15	366	303 10	37	150	420	50
. . . . . .	. . . . . .	. . . . . .	20	30	250	20
1148 5 8	500	382 5	120	120	700	60
	14ᵗ chem. n.	112	14	27	200	17
693 16 3	114	209 5	13	75	350	30
306 13 3	768	130 11 8	14	30	200	10
320 3 3	936	225	30	40	300	12
731 3	87ᵗᵉ de terrˡ et 13ᵗᵉ 3p de caill.	223 10	43	123	600	50
376 8	25ᵗ de terrˡ.	180	31	67	223	39
708 11 3	400	479 11	53	160	600	70
1378 10 9	2600	922 18 4	102	237	290	72
406 4	90	1317 6	38	28	200	15
388 19	22ᵗᵉ de grav.	277 14	50	80	100	40
609 5 6	450	351 10	30	70	300	200
699 9 9	250	545 4	125	430	1300	50
1027 18 9	160	127 1 8	56	80	200	40
665 8 9	40ᵗᵉ de débl. et remblai	242 14 2	16	38	230	30
625 9	342	571 17 6	80	150	600	100
543 13 6	30	430 12 6	32	91	669	63
1278 11 9	600	217 14 2	32	50	200	»
	584	300	31	61	263	50
294 15 9	400ˡ	229 3 4	44	45	300	20
1635 9	180	306 5	38	55	200	20
101673ˡ 15ˢ		57190ˡ 14ˢ 2ᵈ	7017	14639	63658	6167

COMMUNAUTÉS	FEUX	TAILLE et ACCESSOIRES	MARC de la TAILLE	MARC des ACCESSOIRES
Report...	13651	333407ˡ 15ˢ 1ᵈ		
Nesles	29	1074 7	2ˢ 7ᵈ 1/18	31ˢ 10ᵈ
Neuville	76	1782	3 5	31
Nogent-sur-Aube.... ..	184	5244 2	3 6 3/4	31 6
Nozai............	30	1015 2	3 1/2	31 6 1/4
Onjon..	132	2880 10	3 4 3/4	30 10 1/2
Origny-le-Sec	135	2284 6	3 2 1/4	31 8 1/2
Ormes...........	68	2436 5	3 8 1/24	21 6 1/3
Orvilliers	112	3143	2 11 3/8	31 3 3/16
Ossey	62	1965 19	3 3 1/6	31 7
Paillot...........	48	1258	2 2 1/2	30 8
Paisy-Cosdon...	84	2095	3 2 3/8	30 10 1/2
Pastis	160	3143	3 2 1/8	
Pavillon	93	2023 11	2 8 3/8	31 10 1/2
Payens	111	4108 19	3	31 3 1/2
Pellemontier	92	3273 5	3 6	31
Piney.............	310	7331	3 5	5 3 du rev.
Plancy	206	4870 10	3 1	5 2 du rev.
Plantis.	104	2155 2	»	»
Pont-Ste-Marie...... et Pont-Hubert.....	182	4190	3 5	30 9 1/8
Pottangis.............	40	1180 5	3 4 3/4	30 11 1/2
Pouan....	187	4870 10	3 10 1/2	31 5/8
Pougis .... et Verricourt	143 32	3772 3	3 5 7/8 3 5 7/8	31 9 1/8 31 9 1/8
Précy-Notre Dame......	30	1117 3	3 2 1/2	30 7 1/2
Précy-Saint-Martin	134	2357 10	3 8 1/4	31
Premier-Fait	62	1277 13	2 8 2/8	31 6 1/4
Prunay-le-Sec...... .	36	579 12	3 1 3/4	32 11 1/2
Prunay-Saint-Jean	22	812 15	4	30 9 1/2
Rachisy		394 15	4 1	30 8 1/4
Ramerup	13.	2619	3 2 1/4	30 8
Rances.........	35	1097 8 9	2 6	33 8
A reporter.........	16660	409860ˡ 7ˢ 10ᵈ		

STATISTIQUE

VINGTIÈMES	TACHE A L'ANCIENNE CORVÉE	SUBVENTION en ARGENT	CHEVAUX	VACHES	MOUTONS et BREBIS	COCHONS
101673ˡ 15ˢ »ᵈ		5719ˡ 14ˢ 2ᵈ	7017	14639	63658	6167
379 7	28ᵗᵒ	188 10 10	18	30	280	20
1000	26ᵗᵒ 1/3	296 17 6	35	80	450	10
1806 10	1900	900 1	81	177	310	127
635 6 9	12ᵗᵒ 1/3	170	30	42	350	28
899 5 3	71	493	77	81	615	87
674 16 3	624	380 10	65	75	400	12
815 6 9	1260	402	48	107	242	60
922	900	505	122	98	600	50
695 18 9	380	320	50	70	600	19
576 4 9	405	208	26	80	300	15
783	1242	400	43	150	400	25
899 18	264 de remb.	505	74	103	600	31
7·8 18 9	518	315	60	112	1300	50
1217 6 9	900	675	80	200	400	70
873 9	60ᵗ de ch. n.	553	50	200	400	30
5064 17 6	»	1260 17 4	282	377	1436	156
2143 3	737ᵗ	836 9 2	119	210	160	97
532 7 6	1472	360 8	36	100	900	20
1330 1 6	2260	682	40	125	200	50
735 2 6	83ᵗ de terr.	202 1 8	31	60	300	15
1507 9 9	1460	810 8 4	113	213	400	96
1212 3	1700	625 5	73	110	350	60
	450		36	50	»	25
226 9 9	6 0	202	40	54	400	28
930 16 13	1392	428 2 6	40	70	250	80
372 16 9	612	199	40	52	300	2
264 10	500	93 15	16	38	20	12
551 9	92ᵗ de déblai et remblai	139 8	4	15	100	6
787 10 3	350	451 10	45	100	150	60
431	22ᵗ de chem. et 45ᵗᵒ de grève	184 7 6	54	74	172	38
130760ˡ 19ˢ 8ᵈ		69977ˡ 16ˢ 10ᵈ	8845	17892	76223	7516

CHAPITRE ONZIÈME

COMMUNAUTÉS	FEUX	TAILLE et ACCESSOIRES	MARC de la TAILLE	MARC des ACCESSOIRES
Report	16660	409860ˡ 7ˢ 10ᵈ		
Rhèges.............	70	1833 10	2ˢ 9ᵈ 6/8	30ˢ 9ᵈ 3/16
Riancey............	37	1545 5	3 1 1/2	30 10 1/2
Roncenay...........	22	787 10	3 3	30 8 1/2
Rosson	27	917 15	3 8 1/4	5 9 1/4 du revenu
Rouillerot..........	24	1007 15	2 10 1/4	»
Rouilly-Sacey.......	67	1624 10	3 4 1/4	5 2 1/8 du revenu
Rouilly-Saint-Loup...	37	1310 10	2 11 1/2	»
Rozières	32	1049	3 1	30 6 1/2
Rumilly-les-Vaudes..	171	2856 8	2 10	32
Ruvigny............	38	1389 5	2 9 6/8	»
Sacey..............	35	891 9	2 8	4 5 6/8 du revenu
Saint-André........	116	1990 17	3 6 1/2	31 4 1/8
Saint-Aventin.......	20	525	»	»
Saint-Benoit-sur-Seine...	69	2829	3 7	31
Saint-Benoit-sur-Vannes.	57	1049	3 10 1/2	30 3 1/8
Saint-Don..........	46	1625 5	3 10	31 5
St-Etienne-sous-Barbuise.	26	709 9	3 6	32 6 1/8
St-Flavy et Belleville.....	103	2650 5	3 5	
Saint-Jean-de-Bonneval.	115	2872 19	3 2	31 11
Saint-Léger.........	48		3 1	32 2
Cervet	48	2433 2	3 1	32 ?
et Bréviandes......	34		3 1	32 2
Saint-Loup-de-Buffigny..	52	1380 5	3 4 1/6	31
Saint Lyé	11?	3500	2 10 1/2	31
Saint-Mards-en-Othe....	356	5315 10	3 4 /2	31 3/8
A reporter........	18120	452562ˡ 16ˢ 10ᵈ		

STATISTIQUE

VINGTIÈMES	TACHE A L'ANCIENNE CORVÉE	SUBVENTION en ARGENT	CHEVAUX	VACHES	MOUTONS et BREBIS	COCHONS
130760ˡ 19ˢ 8ᵈ		69977ˡ 16ˢ 10ᵈ	8845	17892	76223	7516
1100	306ᵗ 5					
460 16	380	265 2 6	25	100	300	19
315 10 6	4ᵗ 1/4 de déb. et remblai.	134 7 6	14	24	120	150
304 17 9	114	166 13 4	22	50	200	12
522 11 3	75	170	40	40	100	20
563 1 9	480	270	87	80	500	30
595 10	216	234 7 6	55	80	300	40
890 avec Vielaines	42	180 4 2	16	120	30	15
1103 10 9	1100	450	40	121	200	»
514 4	300	242	52	70	240	32
201 17	72ᵗ de ch. et 6ᵗᵉ de grève	134 7 6	30	70	210	20
852 13 3	294	316 17 6	19	100	»	32
288	80	81 14 8	9	20	124	11
1022 4	400	486 9	40	150	300	66
543 15	550	172	28	40	200	11
454 4 6	83ᵗᶜ	264	35	48	600	20
207 18 6	700	110	22	35	300	30
767 16 9	1150ᵗ	450	51	80	1380	30
1264 3 9 pour St-Jean Longeville et Maupas.	77ᵗ	482 5 10	50	80	300	30
	80	254 10	9	45	300	20
2256 19 3	100	201 8	18	50	150	25
	60	199 15 4	8	26	150	10
661 3 3	120	241 10	30	80	200	20
730 8 3	580	598 19 2	50	222	600	64
1182 3	34	1017 14 2	80	200	900	50
147564ˡ 8ˢ 2ᵈ		77062ˡ	9655	19823	82927	8267

CHAPITRE ONZIÈME

COMMUNAUTÉS	FEUX	TAILLE et ACCESSOIRES	MARC de la TAILLE	MARC des ACCESSOIRES
Report. . . .	18420	452562 16s 10d		
St-Martin-de-Chennetron.	30	2220 17	3s 4d 1/6	32s 2d
Saint-Martin-les-Daudes.	20	421	3 11	»
Saint-Martin-les-Troyes.	400	7590 15	3 2 5/8	30 11 6/8
Sainte-Maure.	40	1991	3 2 5/8	31 13/16
Saint-Mesmin.	101	3823 10	3 1 7/8	30 11 1/2
Saint-Nabord	94	2085 9	3 11 1/4	31 7
et Mesnil-la-Comtesse.	30	780 5	3 11 1/4	31 7
Saint-Oulph.	40	2252 10	3 1 1/2	31
Saint-Parres-aux-Tertres.	100	3143	2 9 1/8	30 6 1/2
Saint-Parres-les-Vaudes.	43	996 10	2 7	30 2 1/2
Saint-Phal	190	4719 6	2 7 3/8	33 8 3/8
Saint-Pierre-de-Boussenay	67	2127	2 9	»
Saint-Pouange.	38	2017 5	3 1/4	31
Saint-Remy.	41	1258	3 4 3/8	31
Sainte-Savine.	125	2011 12 6	2 5	30 4 1/4
Sainte-Sire	100	3536	3 3 7/8	30 7 1/2
Saint-Thibault	93	2305	2 4 1/4	30 8
Salon	80	1646 7	3 7/10	31 11
et Champfleury	74	1493 15	3 7/10	31 11
Sancey-Saint-Julien . .	51	1507 10		
Vilpart	53	1035 4	2 10	30 7
et Breviande.	36	651 16		
Savières	145	5341	3 4 7/8	31 4
Savoye	28	1205 10	3 1 3/4	31 6 1/2
Semoine.	148	3194 10	3 3 7/8	31
Soligny-les-Etangs	69	1572	3 4 1/4	3 7 1/2
Somme-Fontaine	58	2804 5	2 11	33 4
Sommeval.	97	1572	2 8 1/4	30 10 1/2
Souligny.	108	1991	2 7 1/2	30 11 1/2
Torvilliers.	84	2162 10	3 1	31 1/8
Trancault	47	1702 5	2 9 5/16	30 10 11/40
Troyes.				
A reporter	21050	524021l 8s 4d		

STATISTIQUE

VINGTIÈMES	TACHE A L'ANCIENNE CORVÉE	SUBVENTION en ARGENT	CHEVAUX	VACHES	MOUTONS et BREBIS	COCHONS
147564¹ 8ˢ 2ᵈ		77062¹ » »ᵈ	9655	19823	82927	8267
525 7 6	80ᵗᵒ 4ₚ	378	40	60	800	25
242	100	70 16 8	12	20	810	10
2514 16	625	1223	54	120	»	112
740 15 3	120	335	11	100	400	40
1246 11 3	645	656 5	80	114	300	83
626	1180	354 3 6	32	1 0	250	50
313	800	138	26	35	150	25
752 19 6	216	378 2 6	40	90	600	30
1686	420	545	45	100	100	25
393 12 9	495	162 10	29	80	325	51
3449 4 6	12ᵗ 4ₚ	765 12 6	79	50	400	25
790 18 6	590	359 7 6	61	70	643	25
782 1 9	90	345 16	36	60	250	40
266 3 3	924	215	31	48	200	50
809	700	395 16	29	61	»	52
929 9 9	846	585 8 4	80	100	400	80
1132 2 3	411	382 5 10	45	110	300	65
942 15	453	271 14 2	45	130	230	40
2212	100ᵗ	307	15	50	200	30
		»	»	»	»	»
		»	»	»	»	»
1635 6 3	665	918 15	90	251	488	89
367	100	207 5	16	24	120	15
903 14 9	45ᵗᵒ	519	54	136	296	90
846 16	»	269 16	30	70	550	18
615	435ᵗ	467 14 2	44	50	515	15
297 18	40ᵗᵉ de terrassement.	269	22	60	500	26
857 14 6	8ᵗ de déblai et remblai	320	13 ch. 21 m.	75	»	22
1187 11 3	34ᵗᶜ	900	32	140	375	54
824 9 3	700	283	36	75	600	12
175439¹ 15ˢ 5ᵈ		88985¹ 8ˢ 2ᵈ	10804	22222	92729	9466

CHAPITRE ONZIÈME

COMMUNAUTÉS	FEUX	TAILLE et ACCESSOIRES	MARC de la TAILLE	MARC des ACCESSOIRES
Report	21050	52402 l 8s 4d	2 11 2/8	
Vailly	76	1716 12	2 11 2/8	»
et Fenge.........	37	807 17	2 11 2 8	»
Vallant	72	3090 10	2 11	31 1/4
Vannes	39	1782	3 6 1/8	32
Vauchassis	197	2750 5	2 5 7/8	30 9
Vaudes	88	1677	2 7 1/4	30 7
Vaupoisson.......	76	1650 10	3 4	30 7 1/2
Vellery	77	1494 5	3 2 3 4	30 8
Verrières.........	67	1468	2 6 3/4	31
Viapre-le-Grand...	34	1363	3 3 3 6	31
Viapre-le-Petit...	38	1533 19	3 2 7/10	31 36/197
et Champigny....	35	1216 6	3 2 7/10	31 36/197
Viélaines........	26	907	2 8 1/2	32
Villacerf.........	72	2110	3 1	30 9
Villadin..........	102	1834 10	3 4 3/4	30 11
Villechétif.......	57	1180 5	2 11 1/8	30 7 2 8
Villegruis........	58	3326 15	3 1 6	31 2
Villehardouin	56	1573	3 1 1/2	31
Villeloup près-le-Pavillon	100	1497 3	2 8 3/4	31 9 1/4
Villemaur........	123	1965 15	2 2 1/2	31
Villemereuil	55	2096	3 6	30 11
Villemoiron......	91	1834	3 1 1/2	31
Villemoyenne	132	2083	2 3 1/4	32 1
Villenauxe	773	16344 5	2 8 1/4	30 9 1/2
Villette..........	50	1180 5	3 10 3 8	31
Villevoque.......	18	1340	3 5 1/2	5 9 1/8
et Villiers	28		3 5 1 2	du revenu.
Villiers-aux-Corneilles...	32	1205 10	2 11 3/4	31
Villiers-les-Herbisses...	83	2983 18	3 2 1/2	39 1
A reporter	23712	588332 l 9s 4d		

STATISTIQUE

VINGTIÈMES	TACHE A L'ANCIENNE CORVÉE	SUBVENTION en ARGENT	CHEVAUX	VACHES	MOUTONS et BREBIS	COCHONS
17543l 15s 5d		88985l 8s 2d	10804	22222	92729	9466
688 6	170	290 10	40	81	360	150
688 6	330	136 10	19	34	»	33
947 9 3	470	513 10 10	80	150	700	73
477 18 6	260	296 17 6	27	120	250	39
1649	160l 20tc de cailloux et 12t de grève	472 18 4	40	120	500	50
762 4	420	279 3 4	42	70	250	30
559 8	763	281	62	100	220	70
830 18 9	8tc	246	5	45	150	26
647 2 6	250	242	45	80	350	3?
350	216	225	28	46	200	12
521	410	247 5	45	60	183	32
890 avec Rosières.	70	153	14	36	250	12
805 7 6	333	413 10 10	40	130	350	40
553 16	1192	302	41	70	550	30
465 4 9	387	197 18 4	17	100	300	30
656 6	5tc 4p de cailloux p. 604	571 17 6	42	86	700	40
618 9 6	1480	259	50	91	369	18
468	350	242	36	60	500	40
1018 6	12 2	324	40	100	600	15
882 13 6	240	360 8 4	40	50	250	20
754 3 3	41t chem. n.	315 12 6	28	75	490	25
666	1332	337	50	120	400	40
7881 15	560	2783	»	»	»	»
426	374	211	24	82	300	30
538 14 6	51	103 4	16	40	104	15
	51	117	16	36	»	»
700 9	9tc	207 5 10	20	43	260	16
836 13 3	550	440 12	59	115	245	31
201718l 6s 8d		99554l 12s 6d	11770	24364	101556	10119

CHAPITRE ONZIÈME

COMMUNAUTÉS	FEUX	TAILLE et ACCESSOIRES	MARC de la TAILLE	MARC des ACCESSOIRES
Report..........	23742	58833 2¹ 9ˢ 4ᵈ		
Villy-le-Bois...........	27	1573	3 2 1/2	30ˢ 8ᵈ 1/2
Villy-le-Maréchal.......	58	1703 5	3 3	30 11
Vinest...............	98	2174 15	3 3 3/4	31 3 1/4
Virloup-près-Isle.......	12	377 9	3 2 1/2	33
Villeneuve-aux-Riches-hommes............	6	553 2	3 8 1/2	33 5 1/4
Villeret...............	52	616 12	2 3 3/4	34 6
Ville-sur-Terre.........	116	2201	2 10 3/4	31
TOTAL........	24111	597531¹ 12ˢ 4ᵈ		

De ces tableaux il résulte que de 1665 à 1787, c'est-à-dire en 122 ans, la population de l'Election de Troyes est passée de 23,467 feux à 24,111, ce qui, en comptant cinq habitants par feu suivant le vieil usage, donne pour ces 122 ans une augmentation de 3,220 habitants, soit, pour chaque année, environ un habitant de plus par cinq mille. Si de l'ancien régime nous passons au nouveau, voici ce que nous constatons. La population du département de l'Aube était en 1801 de 231,455 habitants, et 75 ans plus tard, en 1876, de 255,217, d'où ressort dans cette période une augmentation de 23,762, soit, pour chaque année, de six habitants au lieu d'un par cinq mille. Par conséquent les 75 ans écoulés de 1801 à 1876 ont été plus favorables à la reproduction de l'espèce humaine que les 122 ans écoulés de 1665 à 1787.

VINGTIÈMES	TACHE A L'ANCIENNE CORVÉE	SUBVENTION en ARGENT	CHEVAUX	VACHES	MOUTONS et BREBIS	COCHONS
201718ˡ 6ˢ 8ᵈ		99554 12ˢ 6ᵈ	11770	24364	101556	10 19
258	4ᵗᵉ 4ᵖ	259	25	50	300	420
484 1 9	64	292 3	20	50	200	40
647 11 9	281	373 9 9	27	70	200	»
464 4	30ᵗ chem. n.	93 15	12	10	60	8
176 15 3	40	92	6	15	200	1
252	3ᵗᵉ 3ᵖ 1/2 de crayons.	103	10	55	»	20
833	2140	372	80	52	500	45
204833ˡ 19ˢ 5ᵈ		101140ˡ »ˢ 3ᵈ	11950	24666	103016	10552

En 1659 la moyenne de la taille était par habitant d'un peu plus de trois livres. En 1787, la taille, les accessoires et les vingtièmes, additionnés à la taille, donnent par habitant un total d'un peu plus de six livres ; c'est-à-dire nominalement le double, mais en réalité la même somme qu'en 1659, si l'on tient compte de la diminution subie de 1659 à 1787 par la valeur intrinsèque et par la valeur commerciale des espèces monnayées. Aujourd'hui dans le département de l'Aube l'impôt direct, déduction faite des centimes départementaux et communaux, s'élève à 3,106,086 fr., soit par habitant à 12 fr. 17 c. qui équivalent à peu près aux 3 livres de 1659 et aux 6 livres de 1787 ; mais une meilleure répartition et la suppression des dîmes et des droits féodaux ont énormément amélioré la situation des contribuables. Si l'on suppose que la dîme fût en moyenne au 25ᵉ compte, on trouve qu'elle formait quatre pour cent du revenu brut ; or le revenu net des terres arables est égal à vingt pour cent du revenu brut ; la dime enlevait par conséquent en sus de l'impôt deux dixièmes du revenu net des terres arables, qui paient en moyenne à titre d'impôt direct à l'Etat un dixième de leur revenu net. Ainsi les charges des propriétaires sont diminuées dans la proportion de trois à un depuis que la dime ne vient plus se joindre à l'impôt que perçoit l'Etat.

Quant au nombre des animaux domestiques, la situation ne s'est pas améliorée depuis 1787 autant qu'on aurait pu l'espérer. Si l'on compare aux chiffres trouvés pour l'Election de Troyes en 1787 ceux que le département de l'Aube nous offre aujourd'hui, il en ressort, pour les fractions d'animaux domestiques correspondant à chaque habitant, une augmentation qui dépasse à peine, pour le cheval et le cochon un tiers, pour la vache un quart, pour le mouton un onzième des quantités existant en 1787 (1). Cet accroissement, quelque considérable qu'il soit, n'est pas égal à l'affaiblissement du pouvoir de l'argent ni à l'augmentation de la quantité des espèces monétaires en circulation : de là le renchérissement des animaux domestiques et de la viande pendant

---

(1) Voici les calculs qui donnent ces résultats : En 1787, il y avait dans l'Election de Troyes 120,585 habitants, 11,950 chevaux, 24,666 vaches, 103,016 moutons et 10,552 cochons. En divisant les nombres de ces animaux domestiques par celui des habitants, on trouve par habitant les fractions décimales suivantes : 0.09 de cheval, 0,2 de vache, 0,85 de mouton, et 0,08 de cochon. Actuellement il y a dans le département de l'Aube 255,217 habitants (recensement de 1876), 33,570 chevaux, 63,800 vaches, 239,330 moutons, et 30,120 cochons (statistique agricole en date du 26 mars 1879), d'où par habitant les fractions décimales suivantes : 0.13 de cheval, 0,25 de vache, 0,93 de mouton, et 0,11 de cochon. Donc il y a eu, de 1787 à 1879, un ac-

STATISTIQUE

que le prix des objets manufacturés va toujours diminuant. Depuis quatre-vingt-dix ans le nombre des animaux domestiques, a augmenté en moyenne d'un peu plus d'un quart, il faudrait qu'il fût doublé pour se maintenir au niveau du pouvoir actuel de l'argent qui est tombé à moitié.

Les chiffres officiels qui servent de base à ces calculs peuvent, je crois, être regardés comme exacts.

On aurait tort de considérer comme applicables ici les critiques qui, au début de ce chapitre, ont été adressées à certaines statistiques officielles. Ce n'est pas aux recensements de la population et des animaux domestiques que ces critiques s'appliquent. Ces recensements ont des bases sérieuses, et rien ne jette un jour plus clair sur la marche de la civilisation. Nous devons les premiers de ces recensements à l'administration des intendants; et les progrès, accomplis depuis lors grâce à une sorte de vulgarisation des procédés scientifiques spéciaux à la statistique, ne doivent pas nous faire oublier la justice que nous devons aux administrateurs qui, en France, ont les premiers fait exécuter des travaux si utiles.

Toutefois, des services qu'ils ont rendus à notre patrie, celui-là n'est qu'un des moindres. Mon regret est de

---

croissement d'animaux domestiques qui, par habitant, atteint : 0,13 – 0,09 = 0,04 de cheval; 0,26 – 0,20 = 0,06 de vache; 0,93 – 0,85 = 0,08 de mouton; 0,11 – 0,08 = 0,03 de cochon. Si l'on compare cette augmentation avec la quantité par habitant qui existait en 1787, on trouve les fractions suivantes : cheval 4,9 = 0,44, vache 6,20 = 0,30, mouton 8,85 = 0,094, cochon 3,8 = 0,37, c'est-à-dire, pour le cheval, plus de 0,33 = 1/3; pour la vache, plus de 0,25 = 1/4; pour le mouton, plus de 0,0909 = 1/11; pour le cochon, plus de 0,33 = 1/3. La moyenne des fractions 0,44 + 0,3 + 0,094 + 0,37 est 0,30, c'est-à-dire un peu plus d'un quart = 0,25, un peu moins d'un tiers = 0,33.

n'avoir pas sû peut-être mettre assez en relief les progrès dus à leurs longs et infatigables efforts pour alléger, par une répartition meilleure, les charges des populations et pour assurer le triomphe définitif de l'unité de la France sur le morcellement féodal. Je voulais faire comprendre combien est grande, dans le trésor du patrimoine national, la part qui est le fruit de leur labeur séculaire, mais obscur et méconnu. Je me consolerais facilement de n'avoir pas atteint mon but, si la courte étude que je termine inspirait à un érudit mieux préparé et d'un talent plus vigoureux la pensée de traiter à fond le sujet que ces quelques pages ont seulement effleuré.

PIÈCES JUSTIFICATIVES

Nous réunissons sous ce titre divers documents relatifs à l'origine de l'intendance de Champagne et aux premiers intendants de cette Généralité. Voici la liste de ces documents :

1º Commission de Pierre Damour, surintendant de la justice et police de la ville et du bailliage de Troyes, 24 avril 1594. Pierre Damour ne peut être placé dans la liste des intendants de Champagne : sa circonscription n'est pas celle de la Généralité de ce nom ; il n'a pas les finances dans ses attributions. D'ailleurs sa mission était toute spéciale : elle avait pour objet la réorganisation de la justice à Troyes qui venait de se soumettre à Henri IV après plusieurs années de révolte contre l'autorité royale.

2º-5º Documents concernant l'intendant Laffemas, 25 mars 1633-20 février 1634.

6º Ordonnance de l'intendant Jean de Choisy, 25 mai 1635.

7º Commission d'intendant donnée par le Roi à Claude Vignier, 16 août 1636.

8º Commission d'intendant donnée par le Roi à Jean de Mesgrigny, 19 août 1638.

9° Commission d'intendant donnée par le Roi à Jeannin de Castille, 1ᵉʳ août 1642.

10° Commission de subdélégué de Troyes donnée par Jean Le Camus, intendant de Champagne, à Boucherat de la Rocatelle, 16 mars 1645. Ce personnage, qui manque à notre liste des subdélégués de Troyes, a été cité par M. Boutiot dans son *Histoire de Troyes*, et nous a été signalé par l'obligeance de M. Albert Babeau.

11° Sentence du subdélégué Denise, 10 février 1648.

12° Mandement du Roi au lieutenant général de Troyes qui est chargé d'aller, au lieu et place de l'intendant Voisin, présider à Langres une assemblée de ville pour l'élection des maire et échevins, 24 juin 1662.

13° Ordonnance de l'intendant Machaut, 8 octobre 1664.

I. – 24 avril 1594. — « Commission de M. Damour, conseiller en
» parlement à Paris, pour l'intendance de la justice de ceste
» ville. »

Henry, par la grace de Dieu roy de France et de Navarre, à nostre amé et féal conseiller en noz conseils d'Estat et privé Mᵉ Pierre Damour, conseiller en nostre court de Parlement à Paris, salut.

Dieu a faict cognoistre à noz subjectz, par la réduction en nostre obéissance des capitales et principalles villes de nostre royaulme qui en estoient distraictes, les faulx prétextes dont ils estoient poussez à la rebellion. Les doux et favorables traictements qu'ilz ont receus de nous, au lieu de tant de maulx commis en icelle, leur ont démonstré les effectz de nostre bonté et clémence acoustumée. Par là nosdictz subjectz peuvent juger la différence qu'il y a entre la justice de notre domination et la tirannie de nos ennemys, desquelz ilz n'ont souffert que cruaultez et incommoditez. Il est nécessaire, — maintenant qu'il a pleu dessiller les yeux de noz subjectz de nostre ville de Troyes de l'aveuglement auquel ilz estoient retenuz par les artifices de nosdiz ennemys et les amener à la recongnoissance qu'ilz nous doibvent naturellement comme à leur roy et prince légitime, — de pourveoir et restablir la justice en icelle ; et, ce qui a esté perverti et corrompu par la licence de ces guerres, le remettre en son antien ordre et estat, affin que chascun soit contenu en son debvoir, l'amour et obéissance à nous deus avec la mutuelle intelligence qui doibt estre entre eux pour joyr d'un repos tant desiré. Et d'autant qu'il n'y a rien de plus convenable pour cest effet que de faire régner la justice par personne d'authorité et expérimentée au faict d'icelle, zellée au bien de nostre service, à la conservation des bons, et correction et pugnition des mauvais, ce qui ne pouvoit estre observé ny moings exécuté par noz officiers du bailliage et siège présidial de Troyes à cause de l'interdiction et translation qui a esté faicte durant ces troubles de toutes les juridictions royalles qui estoient en icelle en autre lieu, nous aurions advisé d'y employer et envoyer un personnage sur les lieux, de qualité, probité, suffisance et expériance pour pourveoir aux plainctes de nosdiz subjectz.

A ces causes, considérant que pour cest effet ne saurions faire élection de personnage qui sache mieulz dignement s'acquitter, pour les tesmoignages que en avez rendu en plusieurs charges et commissions ausquelles avez esté employez par noz prédécesseurs roys, et pour autres considérations à ce nous mouvans, vous avons donné et donnons par ces présentes, signées de nostre main, la charge et surintendance de la justice et police de la ville et ressort de Troyes, et vous mandons, ordonnons et enjoignons par ces présentes que vous ayez à vous transporter en nostredicte ville de Troyes pour exécuter ladicte charge et surintendance de la justice, tant au bailliage que siège présidial et prévosté de nostre dicte ville et autres jurisdictions y ressortissans, avec le pouvoir et aucthorité deppendens d'icelle justice et de la police, et en ceste qualité remettre et restablir les dictes jurisdictions, qui ont [esté] durant les troubles transférées de leurs lieux ordinaires, pour y estre tenues comme en ça estoient auparavant, iceulx refformer, tant en ce qui est de la justice que de la police entre nosdictz subjectz, ce qui se trouvera avoir esté changé de son antien estat, establir la dicte police en icelle avec tel ordre et ainsy qu'il appartiendra et verrez estre à faire. Et d'autant que ces troubles pourroient avoir apporté quelque division et partiallitez entre nosditz subjectz qui ont esté reffugiez hors d'icelle ville et par occasion de nostre service, qui sont à présent réunis, et ceulx qui sont demeurez en icelle, pour ce qu' c'est passé, leur ferez entendre noz voulloir, intention et commandement et dont estes bien instruict, et mesme que nostre principal soing est que nous voullons, et leur commandons qu'ilz vivent en bonne paix, union, amityé et concorde les uns avec les autres soubz nostre obéissance, et que nosdicts officiers ayent à faire leur debvoir en la charge et administration de la justice, sur laquelle neantmoings nous vous donnons toute généralle supérintendance, et mesme selon les occurrances empescher toutes divisions et partiallitez, et les faire du tout cesser par les réglements que y apporterez, et par toutes aultres voyes de justice que jugerez estre nécessaires. Entendrez leurs requestes, plainctes et dolléances, pourvoierez à icelles, appellez, sy bon vous semble, nosdicts officiers dudict bailliage et siège, et aux procez et différendz des partyes, et les règlerez sur ce. Suspenderez ceulx de noz officiers qui se trouveront malverser en leurs charges, à l'exercice desquelz commettrez de par nous bons et notables personnages de qualité requise, et conserverez les aultres y faisant leur debvoir. Et généralement ferez, en icelle charge et tout ce qui despendera d'icelles justice et police de ladicte ville et ressort, soit matière civille ou criminelle, tout ce que verrez estre nécessaire pour le bien de nostre service, repos et conservation de nosdictz subjectz. Et les jugementz et règlements qui seront aussy donnez pour le regard de la pollice de la dicte ville et ce qui en despend, nous les avons dès à présent vallidez et authorisez, vallidons et authorisons comme donnez en derrenier ressort et par l'une de noz cours de parlement pour en jouir leur honneurs, authoritez, dignitez, pouvoir, préminences, prérogatives et émolument qui y appartiennent, et comme ont accustumé de faire et jouyr ceux qui sont commis à telles et semblables charges. Vous donnons de ce faire plein pouvoir, auctorité, commission et mandement spécial. Et affin qu'il n'y ait aulcun défault pour l'exécution de la présente commission et de voz jugemens, mandons et ordonnons à nostre amé et féal conseiller et gouverneur par nous en ladicte ville de Troyes vous assister de force et donner tous conseil, confort et ayde dont aurez besoing et le requerrez, et au bailly de Troyes, ses lieutenans et gens y tenans le siège présidial, et à tous autres justiciers, officiers, mesmes au maire et eschevins d'icelle ville vous obéyr, respecter et entendre ès choses concernans la présente commission, laquelle vous exécuterez nonobstant opposition ou appellations quelconques et sans préjudice d'icelles, pour le regard d'icelle police seulement, dont nous réservons la congnoissance à nostre Conseil, icelle interdisant à tous aultres juges : car tel est nostre plaisir.

Donné à Paris le XXIIIIe jour d'apvril l'an de grace mil V^c IIII^{xx} XIIII et nostre règne le cinquième. *Ainsi signé* Henry *et plus bas :* Par le Roy, l'othier, *et scellé en simple queue de cire jaulne. Plus bas est escript :* Collationné à l'original, Damour.

Archives de la ville de Troyes. Registre des mandements du Roi coté H. 2. f°s XXXII r^o-XXXIII r^o.

II. — 25 mars 1633. — Délibération du Corps de Ville de Troyes concernant l'intendant Laffemas.

En assemblée du vendredy saint, vingt cinquiesme jour de mars M.VIe trente trois...

Sur ce que ledict sieur maire auroit demandé l'advis à la compaignie sy l'on doibt ou non prier Monsr de Laffemas, qui a la charge d'intendant de la justice et police des villes de la Champaigne et armées de Sa Majesté, d'honorer l'assemblée dudict mardy des festes de pasques de sa présence pour l'eslection de quatre nouveaux eschevins qui se doibt faire en la place des anciens qui ont faict le temps de leur charges :

A esté unanimement advisé, qu'estant ledict intendant en ceste ville, il estoit du debvoir et bienséance du corps d'icelle de le faire prier par deux de messieurs les eschevins, assistez de quelques officiers, s'il aura aggréable d'honorer l'assemblée de sa présence pour l'effect susdict.

Et en cas qu'il désire s'y trouver, sera assisté ledict jour de mardy prochain de deux desdits sieurs eschevins, de deux de messieurs les conseillers de ville et de quelques officiers d'icelle pour l'amener et conduire en l'ostel de ville et de là en l'église Saint-Jehan pour entendre la messe qui se dit au subjet de l'eslection desdictz eschevins.

Archives de la ville de Troyes. Reg. des Assemblées de ville.

III. — 29 mars 1633. — Assemblée du Corps de Ville de Troyes en présence de l'intendant Laffemas.

L'an mil six cens trente trois le mardy des festes de pasques vingt neufviesme mars sur les neuf heures du matin en la chambre de l'eschevinage de Troyes, assemblée générale ansy qu'il est accoustumé a esté tenue des maire et eschevins, conseillers de ville et depputez des nobles et bourgeois, advocats, procureurs, estatz et mestiers de la dicte ville, en présence de nous Isaac de Laffemas, conseiller du Roy en ses Conseils d'Estat et Privé, maistre des requestes ordinaires de son Hostel, intendant de la justice, police et finance ès provinces et armées de Champagne, Toul, Metz, Verdun et Pays Messin, Pierre Le Noble conseiller du Roy, lieutenant général et président au bailliage et siège présidial dudit Troyes, assistez du procureur du Roy et advocat dudict seigneur, sur l'eslection de quatre nouveaux eschevins.

La minute signée de Laffemas, intendant.....

Archives de la ville de Troyes. Reg. des Assemblées de vil.e.

IV. — 9 décembre 1633. — Audience du bailliage de Troyes présidée par l'intendant Laffemas.

Du vendredi neufviesme décembre mil six cens trente-trois à l'audiance criminelle du bailliage de Troyes par devant M. de Laffemas, intendant de la justice ; Lefebvre, lieutenant criminel ; Guychard et de Villeprouvée, conseillers.

Après six jugements précédés de la mention : prononcé par M. le lieutenant criminel, on lit :

Prononcé par M. de Laffemas :

Mre Claude Vignier, conseiller du Roy, président en son parlement de Metz, marquis de Mirebeaux, baron de Villemaur, intimé, comparant par Bourguignat ;

Contre :

Georges Blauveron, demeurant à Fontvane, appelant d'un décret d'adjournement personnel contre luy décerné au bailliage de Villemaur, comparant par de Lutel, substitut de Maurice ;

Encore ledict Blauveron intimé, comparant comme dessus,

Contre :

Pierre Mauroy, sergent royal demeurant en Aix-en-Othe, appelant d'un décret d'adjournement personnel contre luy décerné par le juge de Fontvane, défendeur par Caquey le jeune et en personne.

Les partyes ouyes et leurs advocatz en leur demande et deffences en cause d'appel, mesme le procureur du Roy par l'advocat de sa Majesté qui a fait récit du contenu des charges et informations, ensemble du procès verbal du dict Mauroy et dict que, ledict procès verbal estant revestu de toutes ses formes, il estime qu'il y a lieu de confirmer ce qui a esté faict au lieu de Villemort et infirmer ce qui a esté faict en la justice de Fontvane, pour ce qu'il se veoid que ceulx qui ont depposé ès informations sont ceux-la mesme qui sont accusez et contre lesquelz y a eu décret audict Villemor :

Il est dict, faisant droict sur l'appel interjetté par ledict Mauroy de ce qui a esté contre luy faict audict Fonvane, qu'il a été mal, nullement et incompétant (sic) procédé et décrété, que tout ce qui a esté faict audict lieu, et dont est appel, est cassé, révoqué et annullé, et ledict Mauroy renvoyé et ledict Blauveron condamné ès despens. Et sur le regard de l'appel de Villemor, disons qu'il a esté bien procédé, décrété et jugé, que ce dont est appel portera son plain et entier effect, et ledict Blauveron appelant condemné en l'amande et aux dépens de la cause d'appel, le tout telz que de raison.

> Archives de l'Aube, Registre du bailliage criminel de Troyes pour les années 1633-1634, provisoirement coté 149, fº 7 et 8.

V. — 20 février 1634. — Requête adressée par le clergé de Troyes
à l'intendant Laffemas.

A Monsieur, Monsieur de Laffemas, conseiller du Roy en ses
Conseils, maistre des requestes ordinaires de son Hostel, intendant de la justice, de la police et des finances en la province de
Champagne.

Supplient et vous remonstrent humblement les scindic et depputez du clergé de Troyes que, sur la plaincte qui vous fut judiciairement faicte au subject d'un libelle, plain de blasphème, de
scandale et de toute impiété, lequel auroit esté naguère imprimé
et jetté en public : par votre jugement du troisiesme octobre mil
six cens trente trois vous avez ordonné que ledict libelle seroit
brulé par l'exécuteur de la haulte justice, ce qui a esté exécuté,
et oultre qu'il seroit informé contre les aulteurs dudict libelle,
imprimeurs et leurs adhérans, avec publication de quérémonie,
à quoy les supplians ont travaillé aultant qu'ilz ont peu sans
avoir rien omis de leur debvoir et de leur dilligence pour rechercher la preuve des autheurs d'un cas sy énorme. Ce qui a
faict qu'ayant donné ordre dedans les villes circonvoisines, s'il
s'en pourroit descouvrir quelque chose, ilz ont appris que les
autheurs dudit libelle, pour comble de leur impiété, ont encore
fait, imprimé et jetté ung aultre libelle continuant le subject du
premier, et qu'il a esté veu, leu et semé dans la ville de Bar-sur-
Aulbe et aultres lieux, tellement que les supplians desirent en
faire informer sur les lieux, ce qu'ils ne peuvent faire qu'avec
vostre permission et commission ; et qu'il vous plaise ordonner
à tous les juges des lieux où l'on pourra trouver les tesmoings
du fait, de vacquer ausdictes informations, estant aultrement
impossible aux supplians de pouvoir faire venir des tesmoings
qui pourroient estre de divers lieux et de pays esloignez ; aussy
que les supplians puissent obtenir nouvelle quérémonie des
évesques au dedans des diocèses où lesdictz libelles auront esté
veuz, semez et imprimez.

Ce considéré, Monsieur, il vous plaise octroyer aux supplians
lesdictes permission et commission, pour ce qui sera faict, rapporté
par devant vous, y estre pourveu par vostre prudence comme il

appartiendra. Et les supplians prieront pour vostre prospérité.
Signé enfin Bareton *avec paraphe.*

Et au bas est escript :

Le prévost de Bar-sur-Aulbe ou en son absence le premier magistrat de ladicte ville est commis et depputé aux fins de la présente requeste. Faict à Troyes le vingtiesme febvrier mil six cens trente quatre.

Signé enfin de Laffemas *avec paraphe.*

Archives de l'Aube, C. 1130.

VI. — **25 mai 1633.** — Ordonnance de l'intendant Jean de Choisy.

De l'ordonnance de nous Jehan de Choisy, conseiller du Roy en ses Conseils, maistre des requestes ordinaires de son Hostel, intendant de la justice et police en la province de Champagne.

Il est enjoint au substitud du procureur général du bailliage de Chaumont, tous affaires cessans sans aucune remise, de faire lire et enregistrer au greffe dudict siège, afficher et publier ès places publicques de ladicte ville et envoier en toutes les prévostez et mairies royalles de son ressort l'ordonnance du Roy dont coppie est cy dessus transcripte (1), pour par les dictz prévostz et maires estre pareillement envoyée en chascune paroisse de leur ressort, et, en exécution d'icelle, par toutes personnes, de quelque estat, qualité et condition quelles soient, estre, dans la huictaine du jour de la publication, apportez tous les grains et vins en ladicte ville de Chaumont selon la forme portée par ladicte ordonnance à peine de confiscation des grains et vins qui se trouveront ailleurs après ladicte huictaine, applicable moitié au proffit du dénonciateur et l'autre moitié à la nourriture des pauvres, et d'amende arbitraire, et d'estre procédé extraordinairement contre chacun des contrevenans, si ce n'est que les habitans voisins de Vuaucouleur, Joinville, Vuassy, L'affertez-sur-

---

(1) Ordonnance, datée de Chateau-Thierry, le 10 mai 1633, et prescrivant aux habitants de la Champagne de conduire leurs blés et vins dans les villes fortes.

Aulbe, Chastelvillain et Bar-sur-Aulbe aymassent mieux faire conduire et resserrer leurs dictz grains et vins esdictz lieux de Joinville, Bar-sur-Aulbe et Chastelvillain. Pourra néantmoins chasque particullier tant pour son usage que de celui de sa famille, retenir ce qui luy sera nécessaire de grains et vins pendant quinze jours. Et trois jours avant ladicte quinzaine passée en pourra retirer pour pareil temps du lieu où il aura mis lesdictz grains et vins conformément à la présente ordonnance, sauf toutefois en cas que quelques habitans dudict bailliage trouvassent plus de commodité à transporter leurs dicts grains et vins ès villes de Troy, Vitry et Sainct-Dizier comme plus voisines de leurs demeures, ausquelz lieux ilz pourront porter, et ce faisant seront tenus avoir suffisamment exécuté l'ordonnance cy dessus. Et aussy pareillement enjoinct à tous maires, eschevins, sindics et officiers des villes, bourgs, paroisses, villages, abbayes et prieurez dudict bailliage de faire curieuse et exacte recherche de tous ceulx de leurs villes, bourgs, villages, paroisses, abbayes et prieurez qui après ladicte huictaine n'auront satisfaict à ladicte ordonnance, et d'en apporter ou envoyer dès le lendemain du jour qu'ils en auront eu cognoissance aux greffes des sièges royaulx les plus proches de leur demeure une déclaration signée d'eulx contenant les noms et surnoms des deffaillans avec le nombre et quantité des grains et vins qui n'auroient esté apportez, pour, les dictes déclarations envoyées audict greffe, et extraictz d'icelles mis à la diligence des substitudz du procureur général en chacun siège ès mains du prévost des mareschaulx, assesseur et lieutenant de robbe courte du ressort, estre par eux et leurs archers saisis et confisqués lesdictz vins et grains et procédé par les juges ordinaires comme dessus. Et ordonné audict prévost des mareschaulx, assesseur, lieutenant de robbe courte et archers, aussitôt après lesdictz extraictz mis entre leurs mains, monter à cheval pour l'exécution de la présente ordonnance à peine de privation de leurs charges.

Faict à Chaumont ce vingt cinquiesme jour de may mil six cens trente cinq.

Archives de l'Aube, C. 1178, placard original.

VII. — Commission d'intendant de Champagne pour Claude Vignier, 16 août 1636.

Louis, par la grace de Dieu roy de France et de Navarre, à nostre amé et féal conseiller en nostre Conseil d'Estat et président en nostre parlement de Metz le sieur Vignier, baron de Barbezieux, de Villemor, de Juilly et de Saint-Lyébault, sire de de Tanlay, salut.

Les grandes affaires, que les entreprises de nos ennemis qui sont entrez en notre royaulme de costé de la Picardye nous ont apportées, nous obligeans de pourveoir promptement à ce qui est de plus pressé et nécessaire pour arrester leurs desseings, et ne voulans employer à la conduitte et maniement des choses de telle conséquence que des personnes de mérite et dont l'expérience et la fidélité nous soit congneue et assurée : à ces causes, ayans une confiance entière en vous, que vous exécuterez dignement et utilement ce que nous vous commettrons, comme vous avez faict dans les employs que nous vous avons cy-devant donnez en noz affaires les plus importantes, nous vous avons commis, ordonné et estably, vous commettons, ordonnons et establissons par ces présentes signées de nostre main pour vous transporter en nos villes de Troyes, Reims, Chasteau-Thierry, Sens, Auxerre, Joigny et autres le long de la rivière d'Yonne, faire contribuer tous les bourgs, villages, parroisses, hameaulx ès bailliages et présidiaulx des dictes villes, entrer, seoir et présider dans lesdictz bailliages, sièges présidiaulx, corps de ville et Eslections d'icelles, pour y convier et exciter par les raisons et avec les moyens que vous jugerez convenables tous noz subjetz de quelque qualité et condition qu'ilz soient, mesmes les corps desditz bailliages et présidiaulx, Eslections, corps de ville et aultres, suyvant les lettres que nous leur escrivons, à nous assister et fournir en toute diligence, par l'affection qu'ilz doibvent à cet Estat et à leur propre salut, le plus grand nombre d'hommes qu'ilz pourront tant de cavalerye comme d'infanterie bien armez et soldoyez pour deux ou trois monstres affin de nous opposer aux desseings de nos dietz ennemis et empescher les progrès qu'ils essayent de faire en ce royaulme : lesquelles trouppes vous deppartirez, sçavoir la cavalerye par compagnyes de cent hommes chascune, et l'infanterye par régimens de dix ou douze compagnyes de cent hommes aussy chascune, compris les membres et officiers d'icelles, lesquelz chefz vous choisirez et commettrez les plus capables et expérimentez aux armes et affectionnez à nostre service que vous trouverez soit de la noblesse ou aultres, qui en ce faisant demeureront deschargez d'aller et contribuer pour le ban et arrière ban de la dicte province : assembler les dictes trouppes et nous les envoyer ou conduire par les routtes que vous jugerez à propos : tenir la main à ce que l'arrest de nostre parlement de Paris du quatriesme aoust dernier, portant injonction à nostre noblesse de nous aller servir dans noz armées, soit exécuté en l'estendue desdictz bailliages, présidiaulx et Eslections: voulans que pour le bien de nostre service vous vous trouviez et assistiez en tous les conseils qui seront tenuz par noz gouverneurs et lieutenans généraulx desdictes villes soit pour l'effect de la guerre, de la *justice et police, de noz finances* et aultres affaires secrettes et importantes sans exception, pour y contribuer vos avis et nous y assister selon ce que nous attendons de vostre zèle et prudence. Et, afin que ce soit avec la qualité et le pouvoir convenable, nous vous commettons, ordonnons et establissons par ces dictes présentes intendant de *la justice et police* en toute l'extendue des lieux cy dessus exprimez pour faire toutes les fonctions appartenantes à la dicte charge, présider en tous les sièges présidiaulx, bailliages, séneschaussées et autres juridictions desdictz lieux, pour y délibérer, régler et ordonner ce qu'il apartiendra, oyr les plaintes de nos subjectz de toutes qualitez et faire droit et pourveoir ainsi que de raison, régler et tenir en leur debvoir tous noz officiers et faire telz réglemens que besoing sera pour l'observation de noz ordonnances, commettant et subdélégant pour l'exécution de la présente commission, en cas que vous n'y puissiez vacquer, tel de noz officiers et aultres personnes que bon vous semblera pour ce faire et pour effectuer ce qui sera ordonné, mander en oultre par devant vous tous les officiers de nos dictes villes, communaultez, esleuz, prévostz de noz cousins les mareschaulx de France et aultres officiers deppendans de leurs charges pour leur enjoindre et ordonner ce que vous jugerez à propos pour la prompte exécution du contenu en ces présentes et les faire vivre et maintenir en union et concorde, retrancher les abus que vous y trouverez et user de tous les moyens propres pour faire recognoistre noz bonnes intentions à nos dictz officiers et subjetz, le tout tant qu'il nous plaira. De ce faire vous donnons pouvoir, aucthorité et mandement spécial et pareillement pour procéder extraordinairement, faire et parfaire le procès à tous ceulx qui se trouveront coulpables, de quelque nature que soient leurs crimes, et les juger souverainement et en dernier ressort par les formes et avec le nombre de juges portés par nos ordonnances ; et ce qui sera par vous jugé, exécuté ensemble vos procédures, nonobstant oppositions ou appellations quelconques, récuzations, prises à partyes ou autres empeschemens, pour lesquelz et sans préjudice d'iceulx, ne voullons estre différé, et dont nous réservons la cognoissance à nostre Conseil et icelle interdisons à toutes noz cours et juges. Mandons et ordonnons très expressément à noz gouverneurs et lieutenans généraulx desdictz lieux, cappitaines de nos villes et places, baillifz, séneschaulx, et esleuz, prévostz, visse-baillifs, visse-séneschaulx, leurs lieutenans et officiers de nos dictes villes et communaultez et aultres noz subjectz de vous recevoir, assister, ouyr et entendre et prester main-forte en tout ce qui concernera l'exécution des présentes, circonstances et deppendances sur peyne de désobéissance, et de vous obéir selon le contenu cy dessus : Car tel est notre plaisir.

Donné à Paris le seiziesme jour d'aoust l'an de grace mil six cens trente-six et de nostre règne le vingt septiesme.

Signé enfin Louis *et plus bas :* par le Roy, Bouthillier *avec paraphe, et scellé du grand scel de cire jaulne.*

Cejourdhuy mercredi vingtiesme aoust M. VI^c trente six, à l'audiance du bailliage et présidial de Troyes, y séant et président Mr Mre Claude Vignier, baron de Barbezieux, de Villemor, de Jully et de Saint-Lyébault, sire de Tanlay, conseiller du Roy en ses conseils d'Estat et privé et président en sa cour de Parlement de Metz, intendant de la justice et police en la province de Champagne, lecture a esté faicte des lettres de commission ci-dessus escriptes, ce requérant le procureur du Roy, comparant en personne par Mre Odard Le Courtois, advocat de Sa Majesté, ce faict registrées au registre des mandemens du Roy, puis rendues, dont a esté faict acte.

Archives de l'Aube, 5ᵉ registre des mandements
du bailliage de Troyes, f⁰˙ LXII, LXIII.
Cf. C. 2234, f⁰˙ 102-103.

VIII — 19 août 1638. — Commission d'intendant de Champagne pour Jean de Mesgrigny.

Louis, par la grace de Dieu, roy de France et de Navarre à nostre amé et féal conseiller en nostre Conseil d'Estat et maistre des requestes ordinaires de nostre Hostel le sʳ de Mesgrigny salut.

Estant besoing pour le bien et soulagement de noz subjectz d'establir un intendant de justice en nostre province de Champagne pour y administrer la justice et veiller à la conservation de noz droictz, et ne pouvant faire meilleur choix que de vous, à cause de vostre intégrité, fidélité et affection à nostre service, qui nous sont confneuz par les tesmoignages que vous en avez rendus à nostre contantement aux enploictz de vos charges et en diverses occasions : à ces causes nous vous avons commis, ordonné et estably, commettons, ordonnons et establissons par ces présentes, signées de nostre main, pour faire la charge d'intendant de la justice, police et finances en nostre province de Champagne et en l'armée, troupes et garnisons qui seront en icelle, aux honneurs et authoritéz que y apartient, avec pouvoir : de vous trouver et assister aux conseilz qui seront tenuz par les gouverneur et noz lieutenans généraulx en nostre dicte province pour noz plus importantes affaires et vous employer selon que le bien de nostre service le requerra, d'entrer, seoir et présider ès sièges présidiaux et baillages, commissaires généraulx des finances et autres jurisdictions touteffois et quantes que bon vous semblera et que vous le jugerez nécessaire, proceder au réglement de la justice selon les formes portées par noz ordonnances et comme vous verrez estre requis pour la dignité d'icelles, repos et soullagement de noz subjectz ; recongnoistre si les officiers font leur debvoir en l'exercice de leurs charges ; ouyr les plaintes et doléances de nos subjetz, pourveoir sur icelles et leur faire bonne et briefve justice, enjoindre et ordonner aux prévostz des mareschaulx, leurs lieutenans, greffiers, archers et aultres noz subjectz et officiers ce que vous verrez estre nécessaire pour le fait et administration de la justice, ausquelz et à chascun d'eulx nous enjoignons très expressement obéir et entendre tout ce qui leur sera par vous ordonné en sorte que la justice en soit observée et randue à nosdictz subjects avec équité, diligence et intégrité ; cognoistre des différenz d'entre noz officiers de judicature et les régler par provision jusques à ce qu'autrement par nous en ait esté ordonné ; comme aussi vous enquérir de l'ordre et estat de la police et de l'administration des affaires des villes et communaultez, présider ès assemblées qui se feront ès eslections des maires, eschevins, consuls et aultres charges municipalles et y faire observer l'ordre requis pour le maintien de nostre authorité ; procedder à la vérification des debtes des dictes partyes, ouyr et entendre les plaintes géneralles et particulières et y pourveoir sommairement sy faire ce peut, synon y faire pourveoir par les juges des lieux ou telz autres que vous aviserez ; et vous informer de l'estat de noz affaires, spéciallement de ce qui concerne noz édictz, ordonnances, réglemens, l'observation d'iceulx, repos et soulagement de nosdictz subjectz ; informer et procedder extraordinairement contre tous ceulx qui feront aulcunes levées de gens de guerre à pied ou à cheval, s'empareront de noz places, villes et chasteaux sans nostre dict adveu, commission et mandement spécial, qui se saisiront de noz deniers feront levées d'iceulx sans noz lettres patentes, commettront rébellion, désobéissance ou aultrement à noz édictz, ou qui par menées secrettes ou propos publicqs tâcheront de divertir noz subjectz du service qu'ils nous doibvent et à troubler leur repos ; prendre garde que les gens de guerre, qui seront dans ladicte province, y vivent avec ordre et discipline sans aulcune foulle et oppression de noz subjectz ; faire et parfaire le procès aux coulpables souverainement et en dernier ressort suivant la rigueur de noz ordonnances, appelé avec vous le nombre de noz juges porté par icelles. Voullons qu'il soit par vous proceddé à l'exécution des choses susdictes et génerallement de ce que vous cognoistrez estre de l'observation de nosdictz édictz, administration de la justice civile et criminelle et de la police, ensemble les aultres affaires concernant le bien et repos de noz subjectz selon la confiance que nous prenons en vous, et faire exécuter vos jugemens et les procédures qui seront faictes en conséquence, nonobstant oppositions ou appellations quelconques, récusations ou prises à partye, pour lesquelles ne voullons estre diféré, dont nous retenons la cognoissance à nostre dit Conseil et l'interdisons à tous aultres juges. De ce faire vous donnons pouvoir, commission et mandement spécial. Ordonnons aux gouverneur et lieutenans généraulx pour nous en ladicte province, gouverneurs des villes et places d'icelle de vous assister, bailler main forte et vous obéir en l'exécution de la présente commission, et aux baillifz, séneschaulx, maires, eschevins, consuls des villes et tous aultres nos subjectz de vous recognoistre defférer et obéir ; car tel est nostre plaisir.

Donné à Saint-Germain-en-Laye le dix-neufiesme jour d'aoust l'an de grace mil six cens trente huict, et de nostre règne le vingt-neufiesme. *Signé :* Louis, *et plus bas :* par le Roy, Phelipeaux, *et scellé du grand scel de cire jaulne.*

A l'audiance tenue par nous Pierre Le Noble, conseiller du Roy en ses conseils, lieutenant général, etc., le lundi XXVII[e] septembre M. VI[c] trente huict, la commission de laquelle cy-dessus est coppye a esté lue sur son original ; et ordonné qu'elle sera registrée ès registres des mandemens de Sa Majesté pour y avoir recours ; ce qui a esté faict comme appert cy-dessus, puis rendue.

Archives de l'Aube, 6° registre des mandements royaux du bailliage de Troyes, folios 21-22.

IX. — 1er août 1642. — Commission d'intendant de Champagne pour Nicolas Jeannin de Castille.

Louis, par la grace de Dieu roy de France et de Navarre, à nostre amé et féal conseiller en nostre Conseil d'Estat, maistre des requestes ordinaires de nostre Hostel, le sieur Jeannin, salut.

Envoyant le sieur de Grimonville, aussy conseiller en nostre dict conseil, maistre des requestes ordinaires de nostre Hostel et intendant de la justice, police et finance de nostre province de Champagne, en celle de Languedoc pour y exercer l'intendance de la justice, police et de noz finances, et estant nécessaire de commettre en sa place en ladicte province de Champagne une personne capable de s'acquitter dignement de ladicte commission, et ayant recongneu par les services que vous nous avez renduz en d'aultres employs que nous vous avons donnez que nous ne pouvons faire un meilleur choix que de votre personne, dans l'assurance que nous avons de votre capacité, expérience, intégrité, prudence, vigilence, fidélité et affection particulière de nostre service : à ces causes et autres à ce nous mouvans, nous vous avons commis, ordonné et députté, commettons, ordonnons et députtons par ces présentes signées de nostre main, intendant de la justice, police et finances en nostre dicte province de Champagne, pour en ceste qualité et aux honneurs, authoritez, prérogatives, prééminances et appointemens qui y appartiennent, pourveoir à ce que la justice y soit bien administrée et tous crimes et délitz chastiés et puniz selon la rigueur de noz ordonnances, ouyr pour cest effect les plaintes qui vous seront rendues par noz subjectz de la dicte province contre noz gens de guerre françois et estrangers et tous autres de quelque qualité et condition qu'ilz soient, et pareillement entendre les plainctes qui vous pourront estre faictes par les dictz gens de guerre contre nos dictz subjectz, leur en rendre bonne et briefve justice ; faire vivre noz gens de guerre qui sont ou seront cy après en garnison dans ladicte province en bonne police et discipline suivant noz réglemens; procéder contre les coulpables de tous crimes, ainsy que vous verrez estre à faire en justice et conscience, leur faire et parfaire les procès jusques à jugement deffinitif et exécution d'icelluy inclusivement, appelez avec vous le nombre de juges porté par noz ordonnances ; faire faire par les commissaires ordonnez à la conduitte et police de noz troupes qui sont ou seront dans ladicte province les reveues d'icelles, ainsy que vous verrez estre nécessaires et à propos; ordonner leur payement en conséquence de noz estatz et ordonnances et du fond qui sera porté en ladicte province par les trésoriers généraulx de l'ordinaire et extraordinaire de noz guerres et cavallerye légère ou leur commis, empeschant tous abus et malversations qui pourroient estre commises au faict desdictz payemens, faisant chastier exemplairement tous ceulx qui s'en trouveront coulpables ; présider tant au bureau des trésoriers de France qu'aux sièges présidiaulx de ladicte province; assister aux conseilz qui seront tenuz par noz lieutenans généraulx de ladicte province et de noz armées qui seront en icelle et gouverneurs des villes pour le bien de nostre service, lorsque vostre présence y sera nécessaire; faire accélérer le recouvrement de noz deniers, tant les tailles que subsistances et aultres impositions dans ladicte province, empescher les exactions et concussions qui se font audict recouvrement, et généralement faire en toutes les choses susdictes, circonstances et dépandances tout ce que vous verrez estre à propos, nécessaire et advantageux à nostre service. De ce faire vous donnons pouvoir, authorité, commission et mandement spécial par ces présentes; mandons à noz lieutenans généraulx de ladicte province et de noz armées qui seront en icelle, mareschaulx de camp et aultres ayant authorité sur noz dictz gens de guerre, et gouverneurs de nos villes de ladicte province de vous faire obéir en toutes les choses concernant l'exécution des présentes; ordonnons et enjoignons à tous chefz et officiers de nosditz gens de guerre, commissaires à la conduitte d'iceulx, maires et eschevins de noz villes de ladicte province et tous aultres noz subjectz qu'il appartiendra de vous recongnoistre et obéir en ladicte qualité sur peine de désobéissance, car tel est nostre plaisir. Donné à Fontainebleau le premier jour d'aoust, l'an de grace M. VI^c quarente deux, et de nostre règne le trente troisiesme.

Signé : Louis; par le Roy : Bouthillier *avec paraphe et scellé du grand scel de cire jaulne*

14 janvier 1644.

Le jeudi quatorziesme janvier M. VI^c quarente quatre, nous Nicolas Jeannin de Castille, conseiller du roy en ses Conseils, maistre des requestes de son Hostel, intendant de la justice en Champagne, estant au palais et en la chambre du conseil d'icelluy, en présence des sieurs Le Noble, premier président au présidial de Troyes; de Corberon, second président; Le Noble, lieutenant général; Le Febvre, lieutenant criminel; de Vyenne, lieutenant particulier; Le Courtois, premier conseiller, Angenoust, Collet, Gauthier, Allen, Pérille, de La Chasse, Coppois,

Gallien, de Nivelle, tous conseillers au bailliage et présidial de Troyes : y aurions remonstré qu'il y avait longtemps que nous desirions voir la compagnie, et que, s'en présentant un subject, l'aurions d'autant plus volontiers pris que c'est le jugement d'un procès criminel, et qu'auparavant y procedder nous avions jugé à propos de faire voir à la compagnie les lettres patentes de nostre commission; et desquelles le greffier ayant faict lecture, aurions ordonné qu'elle seroient registrées au registre des mandemens du Roy pour y avoir recours. Ce quy aurait esté faict et après icelles rendues.

> Archives de l'Aube, 7° Reg. des mandements royaux
> du bailliage de Troyes, folios XLVIII,
> XLIX et L.

X. — 16 mars 1643. — Commission de subdélégué pour Boucherat de la Rocatelle.

Jean Le Camus, conseiller du Roy en ses conseils d'Estat et privé, M° des requestes ordinaires de son Hostel, intendant des justice, police, finances et armées de Champagne, au sieur Boucherat, salut.

Aiant plu au Roy par lettres patentes en forme de commission nous donner l'intendance et direction générale des dictes justice, police, finances et armées en ladicte province de Champagne, et estant important pour une exacte et entière exécution de nostre dicte commission pourveoir en mesme temps non seullement aux ordres de la justice ordinaire aux gens de guerre passant et estant en garnison en ceste dite province, mais aussy aux receptes générales et particulières dans tous les bailliages, Eslections, greniers à sel et départemens de la dicte province, et ne pouvant estre partout pour rendre la justice, aux subjectz du Roy, maintenir et faire exécuter les édictz et ordonnances contre et entre lesdictz gens de guerre et subjectz de Sa Majesté dans la ville et ressort de l'Eslection de Troyes:

Nous, deuement informé de vos suffisance, expériance, probité et bonne diligence en toute matière, et en vertu du pouvoir à nous donné par Sa Majesté, vous avons commis et subdélégué, commettons et subdéléguons par ces présentes pour, en nostre absence et pendant nostre commission, rendre la justice aux subjectz da Sa Majesté en touttes matières civilles et criminelles qui seront traictées par devant vous soit pour l'ordinaire et extraordinaire, logemens, contestations des gens de guerre, reveues, estapes, munitions, fournitures, taille, taillon, subsistances, gabelles, impost du sel, aydes et autre nature de deniers, indifféremment aussy pour vériffier controller et parapher les registres, receptes, quittances ou récépissez des receveurs des tailles, taillon, subsistances, aydes, gabelles et impost du sel et aultres natures de deniers qui s'imposent et lèvent dans la ville et ressort de la dicte Eslection de Troyes, et génerallement faire comme sy présent y estions en personne, sans touttefois à différer par vous aux appellations qui pourront estre interjettées de vos jugemens, et iceux renvoier pardevant nous, donnant touttefois assurance et main garnie pour les deniers du Roy et aultres impositions de telle nature, les saisyes tenantes pendant la dévolutions desdites appellations, tous despens, dommages et intérests des partyes respectivement réservez.

Et d'aultant que pour l'exécution des présentes il est besoin que vous ayez un greffier pour soubz vous recevoir et expédier tous actes nécessaires, désirant y pourvoir, nous, deuement informés de la personne de M⁰ Denis Saingeain, avons icelluy commis pour greffier sous vous en vostre dicte commission, dont et de tout vous dresserez vos procès-verbaux, lesquelz rapporterez par-devant nous et sera pourveu à vos taxes, peines, sallaires et vaccations.

Sy mandons en mandement à tous qu'il appartiendra que en exécution de la présente commission il vous soit obéy. En tesmoing de quoi avons signé ces présentes et icelles fait contresigner par nostre secrétaire et scellé du cachet de nos armes.

Fait à Troyes, le seiziesme jour de mars mil six cent quarante cinq. *Signé* Le Camus. *Et plus bas* : par mondit sieur : Leguillauny. *Et scellé.*

<small>Archives de la ville de Troyes. Registre des mandements du Roi, coté H. 6, fos IIIIxx VIII vo-IIIIxx IX vo.</small>

XI. — 10 février 1648. — Sentence prononcée par le subdélégué Denise.

Du lundi dixiesme febvrier mil six cens quarante huit par devant Monsieur Denise, conseiller du Roi, maistre des Eaux et Forests au bailliage de Troyes, subdélégué de Monseigneur Molé-Champlastreux, conseiller, etc.

Rocq Marlot, demeurant au fauxbourg Sainct-Jacques, demandeur en main-levée en exécution de sentence par De la Cour le jeune, contre Nicolas Regnier, receveur de la subsistance dudict lieu, deffendeur par Lévesque et en personne : lecture faicte de l'ordonnance de Monsieur Le Camus cy-devant intendant, en datte du 13 juin, avons conformément à iceluy, ledict opposant débouté de son opposition et sans despens de l'incident, laquelle ilz payeront dans huittaine; le temps passé, permis de vandre ses meubles ou quy sera exécuté.

Archives de l'Aube, C. 2182, folio 1.

XII. — 24 juin 1662. — Lettres patentes du Roi commettant le lieutenant général de Troyes pour suppléer l'intendant empêché.

De par le Roy.

Nostre amé et féal, ayant esté informez des désordres arrivez en nostre ville de Langres en l'assemblée généralle des habitants d'icelle au mois de septembre dernier pour l'élection d'un maire et des eschevins, après avoir veu en nostre Conseil les procès-verbaulx et autres actes, nous aurions, par arrest rendu en nostre Conseil le XVe dudict mois, ordonné que par le Sr de Voisin, conseiller en nostre dict Conseil, maistre des requestes ordinaires de nostre Hostel et intendant de la justice, police et finances en Champagne et Brye, il seroit procédé à une nouvelle assemblée des habitans de ladicte ville pour l'élection desdictz maire et eschevins au lieu de ceulx qui debvoient sortir de charge; et, jusques à ce que ceulx qui en sont présentement en possession continueront de faire leur fonction ainsy qu'au passé.

Et d'aultant que ledict Sʳ Voisin, à cause de divers emplois et commissions qu'il a euz et [a] encores pour nostre service, n'a peu se rendre sur les lieux pour faire procéder à ladicte assemblée et que nous voullons prévenir les suittes fascheuses qui pourroient troubler l'union des habitans de ladicte ville lors de l'assemblée qui se debvoit faire au mois de septembre prochain et esviter les brigues qui ont donné lieu à tous lesdictz désordres : Nous vous faisons cette lettre par laquelle nous vous mandons, ordonnons et très expressément enjoignons que vous ayez à vous transporter incessamment en nostre ville de Langres avec vostre greffier et un huissier seullement, et y faire aussytost après convoquer ladicte assemblée génerallle dans les formes ordinaires pour l'élection desdictz maire et eschevins.....

Donné à Saint Germain en Laye le XXIIIIᵉ jour de juin M. VIᶜ soixante deux.

Signé : Louis, *et plus bas :* de Loménie.

Et en la suscription est escript ce qui ensuit :

A nostre amé et féal conseiller en noz conseils, président et lieutenant général en nostre bailliage et siège présidial de Troyes le sieur Le Noble.

Archives de l'Aube, 9ᵉ Reg. des mandements royaux du bailliage de Troyes, folios 100-101.

XIII. — 8 octobre 1664. — Ordonnance de l'intendant Machault concernant la réparation des chemins.

Le sieur de Machault, conseiller du Roy en ses conseils, maistres des requestes ordinaire de son Hostel, commissaire départy par Sa Majesté en la province et généralité de Champagne.

Sa Majesté n'ayant rien tant à cœur que de faire jouir ses subjects de tous les fruits et avantages de la paix, en leur procurant par toute sorte de moyens les facilitez du commerce et n'espargnant pour cet effect aucune despense, non-seulement par les fonds ordinaires qu'elle destine aux réparations des Ponts et Chaussées et qu'elle veut y estre annuellement employez sans aucun divertissement, mais encor par les entreprises qu'elle fait et qu'elle authorise pour rendre plusieurs rivières navigables, mesmes dans cette province ; par le restablissement des manufactures aux lieux où les désordres de la guerre les avoient interrompues ; par les soins qu'elle a pris d'en establir de nouvelles en plusieurs endroicts de son royaume ; par la suppression de grand nombre d'offices inutiles qui occupoient beaucoup de personnes et les destournoient du négoce et de l'agriculture : par les grands privilèges, faveurs et avantages qu'elle a depuis peu accordez à la compagnie qu'elle a formée pour le trafficq des Indes ; par les armemens qu'elle a faicts pour asseurer la liberté de la navigation, et finalement par les notables diminutions des droits de ses fermes et entrées : en sorte que, par cette royale protection qu'elle donne à tous les desseins, propositions et entreprises qui vont à l'utilité dudict commerce, il y a lieu d'espérer que dans peu de temps on le verra fleurir en France plus qu'en aucun endroit de l'Europe. Mais, comme les soins de Sa Majesté descendent jusques au détail des moindres choses et qu'elle a reconneu que cette application aux grandes et principales, qui regardent un bon et solide establissement dudict commerce, ne sçauroit produire tout son effect si en mesme temps il n'estoit pourveu à celles qui ont tousjours esté les plus négligées, et particulièrement aux réparations et commoditez des passages et chemins qui se trouvent quasi partout dans le dernier désordre par la négligence des communautez et particuliers qui sont obligez de les tenir en bon estat : en sorte, que comme la communication d'un lieu à l'aultre se trouve ou difficile ou impossible, il s'ensuit que les subjects de Sa Majesté ne peuvent que fort difficilement ou point du tout se prévaloir des avantages qu'elle désire leur procurer par une mutuelle correspondance entr'eux et par la facilité des voictures et du transport des marchandises : à quoy nous ayant ordonné de pourvoir dans l'estendue de ceste province, nous ordonnons que, dans un mois pour toutes préfixions et délais, les communautez de ladite province, ensemble les particuliers, chacun en droit soy, seront tenus de faire réparer les chemins, passages, chaussées, ponteaux et advenues des villes, bourgs et villages, combler les fossez et abattre les closures qui en peuvent empescher l'accès libre, en sorte que les harnois et voitures y puissent commodément passer et repasser, le tout à peine de cinq cens livres d'amande, au payement de laquelle après ledit temps passé lesdites communautez et particuliers qui n'y auront satisfait seront contrains, et seront lesdits chemins, ponteaux et passages réparez à leurs frais, dont sera par nous décerné exécutoire contre eux. Ordonnons en outre que dans le mesme delay lesdictes communautez remettront par devers nous une déclaration des chemins, ponts, passages et autres ouvrages, les réparations desquels elles prétendent estre à la charge de Sa Majesté et devoir estre faites à ses despens, ensemble un estat desdites réparations nécessaires à faire, pour y estre pourveu ainsi qu'il appartiendra. Enjoignons aux officiers des lieux de tenir la main à l'exécution de nostre présente ordonnance, laquelle sera leue aux sièges royaux et subalternes l'audiance tenant, publiée aux prosnes des messes parrochiales et affichée partout ou besoin sera, à ce qu'aucun n'en prétende cause d'ignorance.

Faict à Chaalons le huictiesme jour d'octobre mil six cens soixante-quatre.

Signé : De Machault, *et plus bas,* Par mondit sieur : Chenudeau.

Archives de l'Aube, C. 1874.

INDEX ALPHABÉTIQUE

DES PRINCIPALES MATIÈRES

ET DES PRINCIPAUX NOMS PROPRES

Abbayes, 106, 107.
Abreuvoir, 153.
Accessoires de la taille, *voyez* Capitation, Quartier d'hiver, Subsistance, Subvention, Ustencile.
Accouchement (Cours d'), 114.
Adjudication des biens communaux, 128-131.
Administration communale, 123-143, 197, 198, 204, 207.
Administration générale des domaines et droits domaniaux, 62.
Administration militaire, 71-82, *voyez*, Armée.
Agriculture, 151-153, 188.
Aides, 4-6, 62, 64, 212, 215.
Aliénation de biens communaux, 140, 143.
Ambulance du Domaine, 67, 68.
AMELOT, 107.
Amende, 134, 137, 140, 201, 216.
Apothicaires, 114.
Appel, 139, 205, 208, 212.
Appointements des Intendants, 209.
Archers de la maréchaussée, 120, 121, 202, 207.
Architecte, 142.
Archives communales, 141.
Armée, 71-82, 119-122, 204, 205, 207, 209, 210, 211.
Arrière-ban, VIII, IX, 72, 204.
Artillerie, 76.
Artisans, 31, 33, 36, 37, 38, *voyez* Corporations.
Asséeur de la taille, 27, 28.

INDEX ALPHABÉTIQUE

Assemblée d'Election, xiii, 20.
Assemblée de ville, 197, 198, 207, 213, 214.
Assemblée d'habitants, 124, 134, 136-142, 213.
Assemblée municipale, xiii, 20
Assemblée provinciale, xiii, 20, 142.
Assesseur du Prévôt des Maréchaux, 120, 202.
Autorisation de plaider, 135, 143.
Avocat, 38, 198.
Avocat du Roi, 205.

Bailli, bailliage, 2, 16, 83, 195-199, 201, 203-205, 208, 210, 211.
Ban et arrière-ban, viii, ix, 72, 204.
BARBERIE DE SAINT-CONTEST (Henri-Louis de), 20, 43, 44, 152.
Bas au métier, 147.
Basin, 146.
Bataillon de garnison, 76.
Baux des biens communaux, 127-131.
BAYE (Michel Larcher, marquis de), 19.
BEAUPRÉ (Charles Estienne Lepelletier de), 20, 30, 126.
BÉCHAMEIL, MARQUIS DE NOINTEL (Louis-Claude), 19.
Berger, 28.
BERCY (de), 84.
BERINGHEN (marquis de), 84
BERMOND (Baptiste de), 15, 16.
BERTIER DE SAUVIGNY, xiv.
Bestiaux, 41, 44, 168-188.
Biens communaux, 127, 128, 130.
Bois communaux, 130.
Boîtes de remèdes, 113.
Bonneterie, 146-149.
Bourgeoisement (personnes vivant), 37.
BOYE (Gaspard-Henri Caze baron de la), 20, 126, 127, 137.
Bovine (espèce). *voyez* vaches.
BRETEL DE GRIMONVILLE, 18, 208.
Brigades de maréchaussée, 121, 122.
Brigadier de maréchaussée, 121.
Budget, 11.
Bureau d'Election, 30.
Bureau des finances *ou* des Trésoriers de France, 13, 22, 23, 26, 51, 83, 84, 209, 210.
Bureau des gardes jurés, 119.

Cadastre, 28, 46, 51-56.
Cantonnement, 52, 86.

Capitation, 25, 32, 35, 41.
Caserne, 80, 121.
Cavalerie, 78, 204, 209.
Cavalier de maréchaussée, 121.
CAZE DE LA BOVE (Gaspard-Henri), 20, 126, 127, 137.
Centième denier, 63.
Chambre de l'échevinage, 198.
Chambre des comptes, 3, 11, 16, 19.
Changeur du Trésor, 7, 12.
Chapitres, 106-107.
Charges municipales, 207.
CHARLES VII, 72.
CHARRON DE MÉNARS (Jean-Jacques), 19.
Charrue, 31, 33.
CHAUMONT DE LA MILLIÈRE, 84.
Chemins, 103, 215. Voyez Ponts-et-chaussées.
Chenevière, 31, 33, 34, 39.
Chevalier de saint Louis, VII.
Chevauchée, 13, 14.
Chevaux, 151-152, 171-191.
Chirurgiens, 38, 114.
CHOCHE (de) 28.
CHOISY (Jean de), 17, 193, 201-203.
Clergé, 34, 56, 106-108.
CLUGNY (de).
Cochons, 171-191.
Collecteur des tailles, 27, 28, 46, 47, 52.
Collèges, 108.
Collégiales, 107.
Colombiers, 153.
Commerce, 35, 38-40, 42, 44, 148, 149, 215.
Commis contrôleur des actes de notaires, 65.
Commis des fermes, 37.
Commissaire départi, 127, 214.
Commissaire des tailles, 14, 28-45, 62.
Commissaires généraux des finances, 206.
Commissaires ordonnés à la conduite et police des troupes, 209, 210
Commission de surintendant de justice et de police, 194-197.
Commissions d'intendant de justice, police et finances, 203-211.
Communautés d'habitants, 26, 27, 35, 37, 38, 40, 43, 80, 81, 82,
    123-143, 157-188, 204, 207, 215, 216. Voyez Paroisse.
Compagnie des Indes, 215.
Compagnies de cavalerie, 204.
Compagnies d'infanterie, 204.

Compagnies de maréchaussée, 121.
Compagnies de robe courte, 120, 121.
Comptes des marguilliers, 140.
Comptes des syndics des communautés d'habitants, 124-131, 135, 138, 141.
Conducteurs des ponts-et-chaussée, 85, 86.
Conseil de notables, 137-142.
Conseil d'État du Roi, 14, 15, 16, 42, 64, 118, 125, 127-131, 133, 138, 139, 147, 149, 204, 205, 208, 213.
Conseiller au bailliage, 210.
Conseiller de ville, 197, 198.
Consul, 207, 208.
Contrainte en matière de tailles, 47.
Contribution représentative de la corvée, x, 50. *Voyez* Subvention.
Contributions indirectes, 60-69.
Contrôle des actes, 62, 64, 65, 66, 67, 69.
Contrôleur des contributions directes, 27.
Contrôleur des exploits, 64, 65.
Contrôleur de grenier à sel, 11.
Contrôleur des vingtièmes, 51, 52, 59, 62.
Contrôleur général, 69, 84, 128, 145.
Convois militaires, 81, 82, 209.
Corporations industrielles et commerciales, 145-149.
Corps de ville, 127, 129, 198, 203.
Corvée des routes, x, 50, 59, 85, 103-104, 115, 171-189.
Corvée militaire, 81, 82.
Cours des Aides, xii, 5, 6.
Cote d'industrie, 31, 33, 36, 37.
Coton, 146.
Cotte (de), 84.
Courriers des dépêches, 116.
Curés, 108, 111, 112.

Damour (Pierre), surintendant de la justice et police du bailliage de Troyes, 193.
Défrichements, 156.
Délibérations communales, 132, 135, 141.
Dénombrements de la population, 156-188.
Département, 59, 211.
Département de frontière de Champagne, 21, 127, 131, 138.
Département de Troyes, 133.
Dépenses communales, 135, 141.
Dépôts de mendicité, 118.
Dettes des communautés d'habitants, 207, *Voyez* Emprunts.

INDEX ALPHABÉTIQUE

Dîmes, 41, 58, 189, 190.
Directeur des contributions directes, 11.
Directeur des domaines, 67, 68.
Directeur des vingtièmes, 51, 62.
Directeur général des domaines du Roi, 64.
Directeur général des ponts-et-chaussées, 81.
Dixième, 49, 50.
Domaine et droits joints, 12, 61-69.
Domestiques, 37.
Drapier, 39, 146.
Droit de pêche, 130.
Droits féodaux, 189.
Droits réunis, 62.
Dubois (Joseph), 81, 89.

Eaux et forêts, 130, 213.
Échange des biens communaux, 140.
Échevin, échevinage, 123, 124, 142, 197, 198, 207, 208, 210, 213, 214.
École militaire, 80.
Écoles, 109-112, 114.
Églises, 110, 142.
Élection, juridiction et circonscription financière, xiii, 3, 7, 20-23, 26, 30, 33, 35, 39, 51, 58, 125, 133, 137, 203, 204, 211, 212.
Élection des maires et échevins, 179, 198, 207, 213, — des maîtres d'école, 109-111, 139, — des notables, 139, — des syndics, 127, 129, 130, 132, 134, 136.
Élections ecclésiastiques, 106, 108.
Élu, sorte de magistrat, 11, 26, 27, 65, 204.
Emprunts par les communautés d'habitants, 140.
Engagement volontaire, 78, 79.
Enregistrement, 62-69.
Épices de juge et de subdélégué, 13, 212.
Épidémies, 114, 135, 136.
Épizooties, 114, 135.
Étalons, 131, 132.
Étapes, 80, 212.
État-major, 76.
États généraux de 1789, viii, xi, xiii, 20.
États provinciaux, 22, 23.
Évêques, 107, 109, 112, 117, 200.
Exempts de maréchaussée, 120, 121.
Exonération du service militaire, 74.

Fabricants, 39.
Fabriciens, Fabrique d'église, 110, 140.
Fabrique de bas, 148.
Fermiers, 31, 33, 35, 39, 40, 42.
Fermiers généraux, 61-62, 64, 65, 66, 69, 215.
Feux, 157-188.
Forêts, 156.
Forges, 156.
Franchise postale, 116.
FRANÇOIS Iᵉʳ, 11.
Francs-archers, 73, 75.

Gabelle, 60, 212, *Voyez* Sel.
Garde-bois, 139.
Garde-champêtre, 139.
Garde des sceaux, 107.
Garde empouilles, 139.
Garde-étalons, 32.
Garde-haras, 151.
Garde-juré, 149.
Garde-scel, 65.
GARGAN, 18.
Garnison, 76, 82, 206, 209, 211.
Gendarmerie, 119, 122.
Général des aides, 4, 5.
Général des Finances, 6, 9, 10, 11.
Généralité, v, 1, 4, 5, 7-14, 22, 23, 30, 51, 64, 68, 69, 73, 74, 82, 84, 103, 193, 204, 214.
Geolier, 118.
Gîte d'étape, 80.
GOBELIN (Claude), 18.
Gouverneur de province et de ville, 194, 204-206, 208, 210.
Grains, 31, 33, 114, 201, 202.
Grand-conseil, 19, 20.
Grand maître des Eaux et Forêts, 130.
Grand-voyer de France, 83, 104.
Greffes des Élections, 33, 35, 39, 41.
Greffier des insinuations, 63.
Greffier de la maréchaussée, 120.
Greffier des tailles, 29.
Greffier du subdélégué, 132, 136, 142, 212.
Grénetier, 11.
Grenier à sel, 11, 211.

INDEX ALPHABÉTIQUE

Grimonville (Bretel de), 18, 208.
Guerre, 71-82. *Voyez* Armée.
Guerres de religion, 195.
Hannetons, 153.
Haras, 151.
Harouys (André de), 19.
Henri III, roi de France, 117.
Henri IV, roi de France, 193, 194, 198.
Herbigny (d'), 19.
Hôpitaux, 114, 147-149.
Horloger, 110.
Hospices, 107, 114.
Houillière, 156.
Housset, 17.
Hue de Miromesnil (Thomas), 19.
Hurault, 9.

Impositions accessoires de la taille, 25-47, 170-188.
Impositions communales, 135, 140, 142-143.
Impositions extraordinaires, 135, 140, 207.
Impôts directs, 25-59, *Voyez* Capitation, Dixième, Quartier d'hiver, Subsistance, Subvention, Taille, Taillon, Ustencile, Vingtièmes.
Impôts directs, 25-59, 157-190.
Impôts indirects, 6, 61-69.
Imprimerie, 113, 200.
Incendies, 115.
Industrie, 31, 33, 35, 36, 37, 38, 43, 44, 45, 145-149.
Infanterie, 78, 204.
Ingénieurs des ponts-et-chaussées, 84, 85.
Inoculation de la petite vérole, 114.
Insinuation, 62-65
Inspecteur des domaines, 67, 68.
Inspecteur des finances, 11.
Inspecteur des manufactures, 145.
Inspecteur des tailles, 30, 62.
Instruction publique, 108-112, 114.
Intendant des finances, 84, 145.
Intendant du commerce, 145.

Jansénistes, 106, 108.
Jardin, 31, 33, 34.
Jeannin de Castille (Nicolas), 18, 194, 208-211.
Justice seigneuriale, 124-126, 128, 136, 216.

Laboureurs, 31, 36, 39, 43.
La Chesnaye (Nicolas de), 10.
Langued'oil, 7, 8, 9.
Langued'oc, 7, 8, 9.
Larcher marquis de Baye (Michel), 19.
Laffemas (Isaac de), 17, 113, 193, 197-201.
Le Camus (Jean), 18, 194, 211.
Le Febvre de Caumartin (François-Louis), 19.
Lepelletier de Beaupré (Charles-Estienne), 20, 30, 126.
Le Prévost, seigneur d'Herbelay (Jacques), 15, 17.
Lescalopier (César-Charles de), 20, 131.
Le Tellier (Michel), 16.
Lettres de cachet, 116-117.
Levée de gens de guerre, 203-204, 207.
Libelle, 200.
Librairie, 113, 200.
Lieutenant civil, 17,
Lieutenant criminel au bailliage, 198, 210.
Lieutenant ès justice et mairie, 111.
Lieutenant de maréchaussée, 120.
Lieutenant de Robe courte, 120, 202.
Lieutenant du bailli, 197, 205.
Lieutenant-général au bailliage, 198, 210, 214.
Lieutenant-général du roi dans la province, 204, 205, 207, 208, 210.
Lieutenant particulier au bailliage, 210.
Logement des gens de guerre, 80, 212.
Louis XI, 75.
Louis XIII, 1, 16, 80, 203, 205, 206, 208, 210.
Louis XIV, 75, 125, 213, 214.
Louis XV, ix, 42, 50, 75.
Louis XVI, i, xvii, 1, 111, 125, 127-130.

Machault (Louis de), 19, 214-216.
Maire, 76, 122, 195, 198, 207, 208, 210, 213, 214.
Maison, 39, 55, 56.
Maison d'école, 110, 111.
Maison de force, 106.
Maître bonnetier, 148.
Maître d'école, 38, 109-112, 139.
Maître de poste, 89.
Maître des Eaux et Forêts, 213.
Maître des Requêtes de l'Hôtel, 13, 14, 18, 19, 43, 131, 200, 201, 206, 208, 210, 211, 213.
Maîtresse d'école, 109.

Mandement de répartition de la taille, 26, 27.
Manouvrier, 31, 33, 36.
Manufactures, 143-149, 156, 215.
Maréchal-des-logis de maréchaussée, 121.
Maréchaussée, 119-122, 204, 207.
MARESCOT (Guillaume), 16.
Marguilliers, 139, 140.
Matrice de rôle, 42-43.
Médecins, 114.
MÉNARS (Jean-Jacques Charron de), 19.
Mendicité, 118.
Mercier, 140.
MESGRIGNY (Jean de), 17, 193, 206-210.
Messageries, 116.
Messe paroissiale, 136 216,.
Mesures, 30, 31, 33.
Métiers, 198.
Métiers à bas, 147-149.
Milice provinciale, 73-77.
Mineurs, 40, 41, 42.
MIROMESNIL (Thomas Hue), 19.
MOLÉ DE CHAMPLATREUX (Jean-Édouard), 18, 213.
Morve, 114.
Montre des troupes, 203, *voyez* Revue.
Moutons, 171-190.
Municipalité, 142, *voyez* Officiers municipaux.
Mutations, 43, 65, 44.

Navigation, 215.
Noblesse, VI-X, XII, 14, 49, 198, 204.
NOINTEL (Louis-Claude Béchameil, marquis de), 19.
Non-valeurs de la taille, 47.
Notables des communautés d'habitants, 52, 137-142.
Notaires, 38, 65, 67, 124.

Officiers de justice, 15, 124, 138, 139, 207.
Officiers de l'armée, 204, 210.
Officiers du bailliage et siége présidial, 195, 196.
Officiers municipaux, 127, 129, 137, 138, 142, 207, *voyez* Maire, Échevins.
Oies, 153.
Oranges, 110.
Ordonnancement, 209.
Ordonnance de subdélégué, 133.

Ordonnances d'intendant, 43, 126, 131, 137, 138, 201, 214.
ORFEUIL (Gaspard-Louis Rouillé d'), 20, 35, 131, 133, 138.
ORFEUIL (Antoine-Louis Rouillé d'), 20.
ORMEESON (André Lefebvre d'), 15, 16.
ORMESSON (Olivier d') 16.
ORMESSON (d'), Intendant des finances, 84.
OUTRE-SEINE (Généralité d') 7-9.
Ovine (espèce), *voyez* Moutons.

Paille, 113.
Parlement, XI, 14, 17, 18, 19, 20, 125, 128, 190, 198, 204.
Paroisse, 30, 44, 52, 54, 55, 56, 58, 73, 75, 129, 132-134, 202, 203, *voyez* Communauté.
Patentes (impôts des), 31, *voyez* Industrie.
Pays d'Élections, 22, 23.
Pays d'État, 22, 23.
Pêche, 130, 142.
PIOCHE (Claude), 10.
Pionnier, 85, 86.
Piqueur, 85.
Police, 103, 122, 195, 196, 200, 204, 205, 207, 209.
Ponts-et-chaussées, 81-104, 214-216.
Population, 157-190.
Porcine (espèce), *voyez* Cochons.
Prairies artificielles, 152.
Praticiens, 38.
Poste aux chevaux, 89, 116.
Poste aux lettres, 110.
Préfets, Préfectures, II, XVIII, 1, 11, 12.
Premier président au présidial, 210.
Préposé des vingtièmes, 51, 52, 58, 59.
Prés, 31, 33, 34, 39, 53-55.
Presbytère, 142.
Président et lieutenant général au bailliage et siége présidial de Troyes, 214.
Présidial, 2, 195-198, 203, 204, 205, 214.
Presse, 113.
Prévôt, Prévôté (juge et juridiction ordinaire inférieure), 16, 83, 198, 201.
Prévôt des marchands, 19.
Prévôt des maréchaux, 119, 120, 202, 204, 207.
Prieurés, 106.
Primes d'engagement, 78.
Principal de collége, 108.

Prison, 47, 106, 114, 118, 137.
Privilégiés, 34, 37, 49, 59.
Procès des communautés d'habitants, 135, 140, 143.
Procureur, 38, 67, 198.
Procureur du roi, 205.
Procureur fiscal, 111, 124, 125.
Procureur syndic, 113, voyez Syndic.
Prône, 216.
Protestants, 106.
Provicial (soldat), 76.

Quartier d'hiver (impôt direct accessoire à la taille), 32, 41, 42.

Recensement de la population, 155-189.
Recette générale, 8, 9, 10, 211.
Recette particulière, 7, 211.
Receveur de la subsistance, 213.
Receveur des domaines, 69.
Receveur des tailles de l'Élection, 27, 46, 47, 211, 212.
Receveur général, 10, 11, 12.
Récoltes, 156.
Recrutement de l'armée, 73, 78, 204, 207.
Recruteur, 78.
Recteur d'école, 109, 111.
Refus de sacrements, 106.
Régie générale, 61.
Régiment d'Etat-Major, 76.
Régiments d'infanterie, 204.
Régiments du Roi, 78.
Régiments provinciaux, 75, 76, 77.
Registres des délibérations communales, 141.
Remplacement militaire, 74.
Rentes, 40, 41.
Répartiteur des contributions directes, 28.
Rétribution scolaire, 110, 111.
Revues, 77, 203, 209, 212.
RICHELIEU, cardinal, XVIII, 17.
Robe courte, 120, 121, 202.
Rôle de la taille, 26, 27-47.
Rôle des vingtièmes, 50-59.
ROUILLÉ D'ORFEUIL (Antoine-Louis), 20.
ROUILLÉ D'ORFEUIL (Gaspard-Louis), 20, 35, 131.
Roulage, 117.
Routes, 89-103.

Sacrements, 106.
SAINT-CONTEST (Henri-Louis de Barberie de), 20, 43, 44, 152.
Saisie de livres, 113.
Salpêtrier, 40.
Santé publique, 113, 114.
Seigneur, 31, 124-126, 136.
Sel, 29, 212, voyez Gabelle, Grenier.
Sénéchal, Sénéchaussée, 16, 83, 204, 213.
Sentence d'intendant, 198, 200; — de subdélégué, 213.
Serge, 146.
Sergent (officier de police judiciaire), 38, 199.
Sergent raccoleur, 79.
Siége particulier d'Élection, 3.
Siége présidial, 16, 195, 196, 204, 210.
Soldat provincial, 75, 76, 77.
Solde des troupes, 80, 209.
Sous-lieutenant, vii.
Sous-préfet, 21.
Stationnements, 85, 86.
Statistique, 188-191.
Subdélégation, 21, 22, 132, 133.
Subdélégué de l'Intendant, 21, 63, 74, 77, 80, 106, 107, 113, 114, 117, 118, 125-136, 139, 141, 142, 153, 191, 204, 211-213.
Subsistance, impôt direct accessoire à la taille, 210, 212, 213.
Subvention en argent ou contribution représentative de la corvée, x, 50, 171-187.
SULLY, 83, 104.
Surintendant de la justice et police, 193, 195.
Surnuméraire dans les bureaux du contrôle, 66, 67, 68, 69.
Syndic de communauté d'habitants, 43, 44, 110-114, 124-137, 156.

Tabac, 118.
Taille, viii, ix, x, 14, 28, 29-47, 49-52, 110, 118, 187-188, 210, 212.
Taille réelle, 28.
Taillon, 212.
Tarif de la taille, 30-42.
Taxe du pain, 118.
Terre labourable, 31, 33, 34, 35, 39, 52.
THOMELIN (Jean), 10.
Tiers-État, vii, viii, x, xiii.
Tirage au sort de la milice, 74, 75.
Toile de coton, 146.
Transcription, 62.
Transports militaires, 80, 82.

Trésorier de France, 7, 9-12, 26, 83, 209-210.
Trésoriers généraux de l'ordinaire et de l'extraordinaire des guerres, 209.
Tricot, 146.
TRUDAINE, XI, XII, 84.
TRUDAINE DE MONTIGNY, 84.
Tuiles, 113.
TURGOT, X, XI, 30.
Tutelle administrative, 11, 107, 143.

Uniforme, 77.
Usagères (parts), 135.
Ustencile, impôt direct accessoire à la taille.

Vacations, 212.
Vaches, 171-188.
Vaine pâture, 153.
Vente de biens communaux, 140.
Vérificateur des domaines, 67, 69.
Ver solitaire, 113.
Vétérinaires, 114.
Vignes, 31, 33, 34, 39, 112, 152, 153.
VIGNIER, (Claude), 193, 198, 203-206.
Ville, 37, 123, 204, 205, 207, 213, 215.
Ville franche, 57.
Vin, 156, 201.
Vingtièmes, IX, X, 49 59, 171-189.
Vivres des troupes, 80, 81.
VOISIN (Daniel de), 18, 194, 213, 214.
Voitures (loueurs de), 116.
Voyer-piqueur, 85.

TABLE DES MATIÈRES.

	Pages.
Introduction	V
Chapitre Ier. — Origine des intendants, idée générale de leurs fonctions	1
Chapitre II. — Taille, capitation et impositions accessoires	25
Chapitre III. — Vingtièmes	49
Chapitre IV. — Domaine et droits joints	61
Chapitre V. — Administration militaire	71
Chapitre VI. — Ponts et chaussées	83
Chapitre VII. — Police	105
§ I. Affaires ecclésiastiques	106
§ II. Instruction publique	108
§ III. Presse	113
§ IV. Santé publique	113
§ V. Commerce des denrées alimentaires	114
§ VI. Précautions à prendre contre les incendies	115
§ VII. Postes et messageries	116
§ VIII. Lettres de cachet	116
§ IX. Demandes de renseignements	117
§ X. Répression des crimes délits et contraventions diverses	117
§ XI. Personnel chargé de la police sous les ordres des intendants	119
Chapitre VIII. — Administration communale	123
Chapitre IX. — Corporations industrielles et commerciales	145
Chapitre X. — Agriculture	151
Chapitre XI. — Statistique	155
Pièces justificatives	193
Index Alphabétique	217

Imp^{ie} J. BRUNARD, Troyes, rue Urbain IV, 85.

www.ingramcontent.com/pod-product-compliance
Lightning Source LLC
Chambersburg PA
CBHW070526170426
43200CB00011B/2343